VORWORT

Die Sammlung "Alles wird gut!" von T&P Books ist für Menschen, die für Tourismus und Geschäftsreisen ins Ausland reisen. Die Sprachführer beinhalten, was am wichtigsten ist - die Grundlagen für eine grundlegende Kommunikation. Dies ist eine unverzichtbare Reihe von Sätzen um zu "überleben", während Sie im Ausland sind.

Dieser Sprachführer wird Ihnen in den meisten Fällen helfen, in denen Sie etwas fragen müssen, Richtungsangaben benötigen, wissen wollen wie viel etwas kostet usw. Es kann auch schwierige Kommunikationssituationen lösen, bei denen Gesten einfach nicht hilfreich sind.

Dieses Buch beinhaltet viele Sätze, die nach den wichtigsten Themen gruppiert wurden. Ein separater Teil des Buches bietet auch ein kleines Wörterbuch mit mehr als 1.500 wichtigen und nützlichen Wörtern. Das Wörterbuch beinhaltet eine praktische Transkription jedes Fremdworts.

Nehmen Sie den "Alles wird gut" Sprachführer mit Ihnen auf die Reise und Sie werden einen unersetzlichen Begleiter haben, der Ihnen helfen wird, Ihren Weg aus jeder Situation zu finden und Ihnen beibringen wird keine Angst beim Sprechen mit Ausländern zu haben.

INHALTSVERZEICHNIS

T&P Books Publishing

Reisesprachführersammlung
"Alles wird gut!"

T&P Books Publishing

SPRACHFÜHRER
· TSCHECHISCH ·

Die nützlichsten Wörter und Sätze

Dieser Sprachführer
beinhaltet die häufigsten
Sätze und Fragen,
die für die grundlegende
Kommunikation mit
Ausländern benötigt wird

Andrey Taranov

T&P BOOKS

Sprachführer + Wörterbuch mit 1500 Wörtern

Sprachführer Deutsch-Tschechisch und Kompaktwörterbuch mit 1500 Wörtern

Von Andrey Taranov

Die Sammlung "Alles wird gut!" von T&P Books ist für Menschen, die für Tourismus und Geschäftsreisen ins Ausland reisen. Die Sprachführer beinhalten, was am wichtigsten ist - die Grundlagen für eine grundlegende Kommunikation. Dies ist eine unverzichtbare Reihe von Sätzen um zu "überleben", während Sie im Ausland sind.

Ein weiterer Teil des Buches bietet auch ein kleines Wörterbuch mit über 1.500 alphabetisch angeordneten, nützlichen Wörtern. Das Wörterbuch beinhaltet viele gastronomische Begriffe und wird Ihnen hilfreich bei der Bestellung von Essen in einem Restaurant oder beim Kauf von Lebensmitteln im Lebensmittelgeschäft sein.

T&P Books Publishing
www.tpbooks.com

ISBN: 978-1-78492-489-8

Dieses Buch ist auch im E-Book Format erhältlich.
Besuchen Sie uns auch auf www.tpbooks.com oder auf einer der bedeutenden Buchhandlungen online.

AUSSPRACHE

T&P phonetisches Alphabet	Tschechisch Beispiel	Deutsch Beispiel
[a]	lavina [lavɪna]	schwarz
[aː]	banán [banaːn]	Zahlwort
[e]	beseda [bɛsɛda]	Pferde
[ɛː]	chléb [xlɛːp]	verschütten
[ɪ]	Bible [bɪblɛ]	Mitte
[iː]	chudý [xudiː]	Wieviel
[o]	epocha [ɛpoxa]	orange
[oː]	diagnóza [dɪagnoːza]	groß
[u]	dokument [dokumɛnt]	kurz
[uː]	chůva [xuːva]	Zufall
[b]	babička [babɪt͡ʃka]	Brille
[t͡s]	celnice [t͡sɛlnɪt͡sɛ]	Gesetz
[t͡ʃ]	vlčák [vlt͡ʃaːk]	Matsch
[x]	archeologie [arxɛologɪe]	billig
[d]	delfín [dɛlfiːn]	Detektiv
[dʲ]	Holanďan [holandʲan]	Disziplin
[f]	atmosféra [atmosfɛːra]	fünf
[g]	galaxie [galaksɪe]	gelb
[h]	knihovna [knɪhovna]	brauchbar
[j]	jídlo [jiːdlo]	Jacke
[k]	zaplakat [zaplakat]	Kalender
[l]	chlapec [xlapɛt͡s]	Juli
[m]	modelář [modɛlaːrʃ]	Mitte
[n]	imunita [ɪmunɪta]	nicht
[nʲ]	báseň [baːsɛnʲ]	Champagner
[ŋk]	vstupenka [vstupɛŋka]	Helsinki
[p]	poločas [polot͡ʃas]	Polizei
[r]	senátor [sɛnaːtor]	richtig
[rʒ], [rʃ]	bouřka [bourʃka]	scheu, Budget
[s]	svoboda [svoboda]	sein
[ʃ]	šiška [ʃɪʃka]	Chance
[t]	turista [turɪsta]	still
[tʲ]	poušť [pouʃtʲ]	Tierkind
[v]	veverka [vɛvɛrka]	November
[z]	zapomínat [zapomiːnat]	sein
[ʒ]	ložisko [loʒɪsko]	Regisseur

5

LISTE DER ABKÜRZUNGEN

Deutsch. Abkürzungen

Adj	-	Adjektiv
Adv	-	Adverb
Amtsspr.	-	Amtssprache
f	-	Femininum
f, n	-	Femininum, Neutrum
Fem.	-	Femininum
m	-	Maskulinum
m, f	-	Maskulinum, Femininum
m, n	-	Maskulinum, Neutrum
Mask.	-	Maskulinum
n	-	Neutrum
pl	-	Plural
Sg.	-	Singular
ugs.	-	umgangssprachlich
unzähl.	-	unzählbar
usw.	-	und so weiter
v mod	-	Modalverb
vi	-	intransitives Verb
vi, vt	-	intransitives, transitives Verb
vt	-	transitives Verb
zähl.	-	zählbar
z.B.	-	zum Beispiel

Tschechisch. Abkürzungen

ž	-	Femininum
ž mn	-	Femininum plural
m	-	Maskulinum
m mn	-	Maskulinum plural
m, ž	-	Maskulinum, Femininum
mn	-	Plural
s	-	Neutrum
s mn	-	Neutrum plural

T&P BOOKS

TSCHECHISCHER SPRACHFÜHRER

Dieser Teil beinhaltet wichtige Sätze, die sich in verschiedenen realen Situationen als nützlich erweisen können.
Der Sprachführer wird Ihnen dabei helfen nach dem Weg zu fragen, einen Preis zu klären, Tickets zu kaufen und Essen in einem Restaurant zu bestellen.

T&P Books Publishing

INHALT SPRACHFÜHRER

T&P Books Publishing

Entschuldigen Sie bitte, ...	**Promiňte, ...** [promɪnʲtɛ, ...]
Hallo.	**Dobrý den.** [dobriː dɛn]
Danke.	**Děkuji.** [dekujɪ]
Auf Wiedersehen.	**Na shledanou.** [na sxlɛdanou]
Ja.	**Ano.** [ano]
Nein.	**Ne.** [nɛ]
Ich weiß nicht.	**Nevím.** [nɛviːm]
Wo?	Wohin?	Wann?	**Kde?	Kam?	Kdy?** [gdɛ?	kam?	gdɪ?]

Ich brauche ...	**Potřebuju ...** [potrʒɛbuju ...]
Ich möchte ...	**Chci ...** [xtsɪ ...]
Haben Sie ...?	**Máte ...?** [maːtɛ ...?]
Gibt es hier ...?	**Je tady ...?** [jɛ tadɪ ...?]
Kann ich ...?	**Můžu ...?** [muːʒu ...?]
Bitte (anfragen)	**..., prosím** [..., prosiːm]

Ich suche ...	**Hledám ...** [hlɛdaːm ...]
die Toilette	**toaletu** [toalɛtu]
den Geldautomat	**bankomat** [baŋkomat]
die Apotheke	**lékárnu** [lɛːkaːrnu]
das Krankenhaus	**nemocnici** [nɛmotsnɪtsɪ]
die Polizeistation	**policejní stanici** [polɪtsɛjniː stanɪtsɪ]
die U-Bahn	**metro** [mɛtro]

das Taxi	**taxík** [taksi:k]
den Bahnhof	**vlakové nádraží** [vlakovɛ: na:draʒi:]

Ich heiße …	**Jmenuju se …** [jmɛnuju sɛ …]
Wie heißen Sie?	**Jak se jmenujete?** [jak sɛ jmɛnujɛtɛ?]
Helfen Sie mir bitte.	**Můžete mi prosím pomoct?** [mu:ʒetɛ mɪ prosi:m pomotst?]
Ich habe ein Problem.	**Mám problém.** [ma:m problɛ:m]
Mir ist schlecht.	**Necítím se dobře.** [nɛtsi:ti:m sɛ dobrʒɛ]
Rufen Sie einen Krankenwagen!	**Zavolejte sanitku!** [zavolɛjtɛ sanɪtku!]
Darf ich telefonieren?	**Můžu si zavolat?** [mu:ʒu sɪ zavolat?]

Entschuldigung.	**Omlouvám se.** [omlouva:m sɛ]
Keine Ursache.	**Není zač.** [nɛni: zatʃ]

ich	**Já** [ja:]
du	**ty** [tɪ]
er	**on** [on]
sie	**ona** [ona]
sie (Pl, Mask.)	**oni** [onɪ]
sie (Pl, Fem.)	**ony** [onɪ]
wir	**my** [mɪ]
ihr	**vy** [vɪ]
Sie	**vy** [vɪ]

EINGANG	**VCHOD** [vxot]
AUSGANG	**VÝCHOD** [vi:xot]
AUßER BETRIEB	**MIMO PROVOZ** [mɪmo provos]
GESCHLOSSEN	**ZAVŘENO** [zavrʒɛno]

OFFEN	**OTEVŘENO** [otɛvrʒɛno]
FÜR DAMEN	**ŽENY** [ʒenɪ]
FÜR HERREN	**MUŽI** [muʒɪ]

Fragen

Wo?	**Kde?** [gdɛ?]
Wohin?	**Kam?** [kam?]
Woher?	**Odkud?** [otkut?]
Warum?	**Proč?** [protʃ?]
Wozu?	**Z jakého důvodu?** [z jakɛ:ho du:vodu?]
Wann?	**Kde?** [gdɛ?]

Wie lange?	**Jak dlouho?** [jak dlouho?]
Um wie viel Uhr?	**V kolik hodin?** [v kolɪk hodɪn?]
Wie viel?	**Kolik?** [kolɪk?]
Haben Sie ...?	**Máte ...?** [ma:tɛ ...?]
Wo befindet sich ...?	**Kde je ...?** [gdɛ jɛ ...?]

Wie spät ist es?	**Kolik je hodin?** [kolɪk jɛ hodɪn?]
Darf ich telefonieren?	**Můžu si zavolat?** [mu:ʒu sɪ zavolat?]
Wer ist da?	**Kdo je tam?** [gdo jɛ tam?]
Darf ich hier rauchen?	**Můžu tady kouřit?** [mu:ʒu tadɪ kourʒɪt?]
Darf ich ...?	**Můžu ...?** [mu:ʒu ...?]

Bedürfnisse

Ich hätte gerne …	**Rád /Ráda/ bych …** [ra:d /ra:da/ bɪx …]
Ich will nicht …	**Nechci …** [nɛxtsɪ …]
Ich habe Durst.	**Mám žízeň.** [ma:m ʒi:zɛnʲ]
Ich möchte schlafen.	**Chce se mi spát.** [xtsɛ sɛ mɪ spa:t]

Ich möchte …	**Chci …** [xtsɪ …]
abwaschen	**se umýt** [sɛ umi:t]
mir die Zähne putzen	**si vyčistit zuby** [sɪ vɪtʃɪstɪt zubɪ]
eine Weile ausruhen	**si chvilku odpočinout** [sɪ xvɪlku otpotʃɪnout]
meine Kleidung wechseln	**se převléknout** [sɛ prʒɛvlɛ:knout]

zurück ins Hotel gehen	**se vrátit do hotelu** [sɛ vra:tɪt do hotɛlu]
kaufen …	**si koupit …** [sɪ koupɪt …]
gehen …	**jít do …** [ji:t do …]
besuchen …	**navštívit …** [navʃti:vɪt …]
treffen …	**se setkat s …** [sɛ sɛtkat s …]
einen Anruf tätigen	**si zavolat** [sɪ zavolat]

Ich bin müde.	**Jsem unavený /unavená/.** [jsɛm unavɛni: /unavɛna:/]
Wir sind müde.	**Jsme unavení /unaveny/.** [jsmɛ unavɛni: /unavɛnɪ/]
Mir ist kalt.	**Je mi zima.** [jɛ mɪ zɪma]
Mir ist heiß.	**Je mi horko.** [jɛ mɪ horko]
Mir passt es.	**Jsem v pořádku.** [jsɛm v porʒa:tku]

Ich muss telefonieren.

Potřebuju si zavolat.
[potrʒɛbuju sɪ zavolat]

Ich muss auf die Toilette.

Potřebuju jít na toaletu.
[potrʒɛbuju ji:t na toalɛtu]

Ich muss gehen.

Musím už jít.
[musi:m uʒ ji:t]

Ich muss jetzt gehen.

Teď už musím jít.
[tɛtʲ uʒ musi:m ji:t]

Wie man nach dem Weg fragt

Entschuldigen Sie bitte, …	**Promiňte, …** [promɪnˈtɛ, …]
Wo befindet sich …?	**Kde je …?** [gdɛ jɛ …?]
Welcher Weg ist …?	**Kudy …?** [kudɪ …?]
Könnten Sie mir bitte helfen?	**Můžete mi prosím pomoct?** [muːʒetɛ mɪ prosiːm pomotst?]

Ich suche …	**Hledám …** [hlɛdaːm …]
Ich suche den Ausgang.	**Hledám východ.** [hlɛdaːm viːxot]
Ich fahre nach …	**Jdu …** [jdu …]
Gehe ich richtig nach …?	**Jdu správným směrem do …?** [jdu spraːvniːm smnerɛm do …?]

Ist es weit?	**Je to daleko?** [jɛ to dalɛko?]
Kann ich dort zu Fuß hingehen?	**Dostanu se tam pěšky?** [dostanu sɛ tam peʃkɪ?]
Können Sie es mir auf der Karte zeigen?	**Můžete mi to ukázat na mapě?** [muːʒetɛ mɪ to ukaːzat na mape?]
Zeigen Sie mir wo wir gerade sind.	**Ukažte mi, kde právě teď jsme.** [ukaʃtɛ mɪ, gdɛ praːve tɛdʲ jsmɛ]

Hier	**Tady** [tadɪ]
Dort	**Tam** [tam]
Hierher	**Tudy** [tudɪ]

Biegen Sie rechts ab.	**Odbočte doprava.** [odbotʃtɛ doprava]
Biegen Sie links ab.	**Odbočte doleva.** [odbotʃtɛ dolɛva]
erste (zweite, dritte) Abzweigung	**první (druhá, třetí) odbočka** [prvni: (druha:, trʒɛti:) odbotʃka]
nach rechts	**doprava** [doprava]

nach links

doleva
[dolɛva]

Laufen Sie geradeaus.

Jděte stále rovně.
[jdetɛ staːlɛ rovne]

Schilder

HERZLICH WILLKOMMEN!	**VÍTEJTE!** [vi:tɛjtɛ!]
EINGANG	**VCHOD** [vxot]
AUSGANG	**VÝCHOD** [vi:xot]

DRÜCKEN	**TLAČIT** [tlatʃɪt]
ZIEHEN	**TÁHNOUT** [ta:hnout]
OFFEN	**OTEVŘENO** [otɛvrʒɛno]
GESCHLOSSEN	**ZAVŘENO** [zavrʒɛno]

FÜR DAMEN	**ŽENY** [ʒenɪ]
FÜR HERREN	**MUŽI** [muʒɪ]
HERREN-WC	**PÁNI** [pa:nɪ]
DAMEN-WC	**DÁMY** [da:mɪ]

RABATT | REDUZIERT	**VÝPRODEJ** [vi:prodɛj]
AUSVERKAUF	**VÝPRODEJ** [vi:prodɛj]
GRATIS	**ZDARMA** [zdarma]
NEU!	**NOVINKA!** [novɪŋka!]
ACHTUNG!	**POZOR!** [pozor!]

KEINE ZIMMER FREI	**PLNĚ OBSAZENO** [plne opsazɛno]
RESERVIERT	**REZERVACE** [rɛzɛrvatsɛ]
VERWALTUNG	**VEDENÍ** [vɛdɛni:]
NUR FÜR PERSONAL	**VSTUP JEN PRO ZAMĚSTNANCE** [vstup jɛn pro zamnestnantsɛ]

BISSIGER HUND	**POZOR PES!** [pozor pɛs!]
RAUCHEN VERBOTEN!	**ZÁKAZ KOUŘENÍ** [za:kaz kourʒɛni:]
NICHT ANFASSEN!	**NEDOTÝKEJTE SE** [nɛdoti:kɛjtɛ sɛ]
GEFÄHRLICH	**ŽIVOTU NEBEZPEČNÉ** [ʒɪvotu nɛbɛzpɛtʃnɛ:]
GEFAHR	**NEBEZPEČNÉ** [nɛbɛspɛtʃnɛ:]
HOCHSPANNUNG	**VYSOKÉ NAPĚTÍ** [vɪsokɛ: napeti:]
BADEN VERBOTEN	**ZÁKAZ KOUPÁNÍ** [za:kaz koupa:ni:]

AUßER BETRIEB	**MIMO PROVOZ** [mɪmo provos]
LEICHTENTZÜNDLICH	**HOŘLAVÉ** [horʒlavɛ:]
VERBOTEN	**ZAKÁZÁNO** [zaka:za:no]
DURCHGANG VERBOTEN	**ZÁKAZ VSTUPU** [za:kaz vstupu]
FRISCH GESTRICHEN	**ČERSTVĚ NATŘENO** [tʃerstve natrʃeno]

WEGEN RENOVIERUNG GESCHLOSSEN	**UZAVŘENO Z DŮVODU REKONSTRUKCE** [uzavrʒɛno z du:vodu rɛkonstruktsɛ]
ACHTUNG BAUARBEITEN	**PRÁCE NA SILNICI** [pra:tsɛ na sɪlnɪtsɪ]
UMLEITUNG	**OBJÍŽĎKA** [obji:ʒtʲka]

Transport - Allgemeine Phrasen

Flugzeug
letadlo
[lɛtadlo]

Zug
vlak
[vlak]

Bus
autobus
[autobus]

Fähre
trajekt
[trajɛkt]

Taxi
taxík
[taksi:k]

Auto
auto
[auto]

Zeitplan
jízdní řád
[ji:zdni: rʒa:t]

Wo kann ich den Zeitplan sehen?
Kde se můžu podívat na jízdní řád?
[gdɛ sɛ mu:ʒu podi:vat na ji:zdni: rʒa:t?]

Arbeitstage
pracovní dny
[pratsovni: dnɪ]

Wochenenden
víkendy
[vi:kɛndɪ]

Ferien
prázdniny
[pra:zdnɪnɪ]

ABFLUG
ODJEZD
[odjɛst]

ANKUNFT
PŘÍJEZD
[prʃi:jɛst]

VERSPÄTET
ZPOŽDĚNÍ
[zpoʒdeni:]

GESTRICHEN
ZRUŠENO
[zruʃɛno]

nächste (Zug, usw.)
příští
[prʃi:ʃti:]

erste
první
[prvni:]

letzte
poslední
[poslɛdni:]

Wann kommt der Nächste ...?
Kdy jede příští ...?
[gdɪ jɛdɛ prʒi:ʃti: ...?]

Wann kommt der Erste ...?
Kdy jede první ...?
[gdɪ jɛdɛ prvni: ...?]

Wann kommt der Letzte …?	**Kdy jede poslední …?** [gdɪ jɛdɛ poslɛdni: …?]
Transfer	**přestup** [prʃɛstup]
einen Transfer machen	**přestoupit** [prʃɛstoupɪt]
Muss ich einen Transfer machen?	**Musím přestupovat?** [musi:m prʃɛstupovat?]

Eine Fahrkarte kaufen

Wo kann ich Fahrkarten kaufen?

Fahrkarte

Eine Fahrkarte kaufen

Fahrkartenpreis

Kde si mohu koupit jízdenky?
[gdɛ sɪ mohu koupɪt jiːzdɛŋkɪ?]

jízdenka
[jiːzdɛŋka]

koupit si jízdenku
[koupɪt sɪ jiːzdɛŋku]

cena jízdenky
[tsɛna jiːzdɛŋkɪ]

Wohin?

Welche Station?

Ich brauche ...

eine Fahrkarte

zwei Fahrkarten

drei Fahrkarten

Kam?
[kam?]

Do jaké stanice?
[do jakɛː stanɪtsɛ?]

Potřebuju ...
[potrʒɛbuju ...]

jednu jízdenku
[jɛdnu jiːzdɛŋku]

dvě jízdenky
[dve jiːzdɛŋkɪ]

tři jízdenky
[trʒɪ jiːzdɛŋkɪ]

in eine Richtung

hin und zurück

erste Klasse

zweite Klasse

jízdenka jedním směrem
[jiːzdɛŋka jɛdniːm smnerɛm]

zpáteční jízdenka
[zpaːtɛtʃniː jiːzdɛŋka]

první třída
[prvniː trʒiːda]

druhá třída
[druha trʒiːda]

heute

morgen

übermorgen

am Vormittag

am Nachmittag

am Abend

dnes
[dnɛs]

zítra
[ziːtra]

pozítří
[poziːtrʃiː]

dopoledne
[dopolɛdnɛ]

odpoledne
[otpolɛdnɛ]

večer
[vɛtʃɛr]

Gangplatz

sedadlo u uličky
[sɛdadlo u ulɪtʃkɪ]

Fensterplatz

sedadlo u okna
[sɛdadlo u okna]

Wie viel?

Kolik?
[kolɪk?]

Kann ich mit Karte zahlen?

Můžu platit kreditní kartou?
[muːʒu platɪt krɛdɪtniː kartou?]

Bus

Bus	**autobus** [autobus]
Fernbus	**meziměstský autobus** [mɛzɪmnestski: autobus]
Bushaltestelle	**autobusová zastávka** [autobusova: zasta:fka]
Wo ist die nächste Bushaltestelle?	**Kde je nejbližší autobusová zastávka?** [gdɛ jɛ nɛjblɪʒʃi: autobusova: zasta:fka?]

Nummer	**číslo** [tʃi:slo]
Welchen Bus nehme ich um nach ... zu kommen?	**Jakým autobusem se dostanu do ...?** [jaki:m autobusɛm sɛ dostanu do ...?]
Fährt dieser Bus nach ...?	**Jede tento autobus do ...?** [jɛdɛ tɛnto autobus do ...?]
Wie oft fahren die Busse?	**Jak často jezdí tento autobus?** [jak tʃasto jɛzdi: tɛnto autobus?]

alle fünfzehn Minuten	**každých patnáct minut** [kaʒdi:x patna:tst mɪnut]
jede halbe Stunde	**každou půlhodinu** [kaʒdou pu:lhodɪnu]
jede Stunde	**každou hodinu** [kaʒdou hodɪnu]
mehrmals täglich	**několikrát za den** [nekolɪkra:t za dɛn]
... Mal am Tag	**... krát za den** [... kra:t za dɛn]

Zeitplan	**jízdní řád** [ji:zdni: rʒa:t]
Wo kann ich den Zeitplan sehen?	**Kde se můžu podívat na jízdní řád?** [gdɛ sɛ mu:ʒu podi:vat na ji:zdni: rʒa:t?]
Wann kommt der nächste Bus?	**Kdy jede příští autobus?** [gdɪ jɛdɛ prʒi:ʃti: autobus?]
Wann kommt der erste Bus?	**Kdy jede první autobus?** [gdɪ jɛdɛ prvni: autobus?]
Wann kommt der letzte Bus?	**Kdy jede poslední autobus?** [gdɪ jɛdɛ poslɛdni: autobus?]

Halt	**zastávka** [zasta:fka]
Nächster Halt	**příští zastávka** [prʃi:ʃti: zasta:fka]

Letzter Halt

poslední zastávka
[poslɛdni: zasta:fka]

Halten Sie hier bitte an.

Zastavte tady, prosím.
[zastaftɛ tadɪ, prosi:m]

Entschuldigen Sie mich,
dies ist meine Haltestelle.

Promiňte, já tady vystupuju.
[promɪnʲtɛ, ja: tadɪ vɪstupuju]

Zug

Zug	**vlak** [vlak]
S-Bahn	**příměstský vlak** [prʒi:mnestskɪ vlak]
Fernzug	**dálkový vlak** [da:lkovi: vlak]
Bahnhof	**vlakové nádraží** [vlakovɛ: na:draʒi:]
Entschuldigen Sie bitte, wo ist der Ausgang zum Bahngleis?	**Promiňte, kde je vstup na nástupiště?** [promɪnʲtɛ, gdɛ jɛ vstup na na:stupɪʃte?]
Fährt dieser Zug nach ...?	**Jede tento vlak do ...?** [jɛdɛ tɛnto vlak do ...?]
nächste Zug	**příští vlak** [prʃi:ʃti: vlak]
Wann kommt der nächste Zug?	**Kdy jede příští vlak?** [gdɪ jɛdɛ prʒi:ʃti: vlak?]
Wo kann ich den Zeitplan sehen?	**Kde se můžu podívat na jízdní řád?** [gdɛ sɛ mu:ʒu podi:vat na ji:zdni: rʒa:t?]
Von welchem Bahngleis?	**Ze kterého nástupiště?** [zɛ ktɛrɛ:ho na:stupɪʃte?]
Wann kommt der Zug in ... an?	**Kdy přijede tento vlak do ...?** [gdɪ prʃɪjɛdɛ tɛnto vlak do ...?]
Helfen Sie mir bitte.	**Můžete mi prosím pomoct?** [mu:ʒetɛ mɪ prosi:m pomotst?]
Ich suche meinen Platz.	**Hledám své místo.** [hlɛda:m svɛ: mi:sto]
Wir suchen unsere Plätze.	**Hledáme svá místa.** [hlɛda:mɛ sva: mi:sta]
Unser Platz ist besetzt.	**Moje místo je obsazeno.** [mojɛ mi:sto jɛ opsazɛno]
Unsere Plätze sind besetzt.	**Naše místa jsou obsazena.** [naʃɛ mi:sta jsou opsazɛna]
Entschuldigen Sie, aber das ist mein Platz.	**Promiňte, ale toto je moje místo.** [promɪnʲtɛ, alɛ toto jɛ mojɛ mi:sto]
Ist der Platz frei?	**Je toto místo volné?** [jɛ toto mi:sto volnɛ:?]
Darf ich mich hier setzen?	**Můžu si zde sednout?** [mu:ʒu sɪ zdɛ sɛdnout?]

Im Zug - Dialog (Keine Fahrkarte)

Fahrkarte bitte.	**Jízdenku, prosím.** [jiːzdɛŋku, prosiːm]
Ich habe keine Fahrkarte.	**Nemám jízdenku.** [nɛmaːm jiːzdɛŋku]
Ich habe meine Fahrkarte verloren.	**Ztratil jsem jízdenku.** [stratɪl jsɛm jiːzdɛŋku]
Ich habe meine Fahrkarte zuhause vergessen.	**Zapomněl svou jízdenku doma.** [zapomel svou jiːzdɛŋku doma]

Sie können von mir eine Fahrkarte kaufen.	**Jízdenku si můžete koupit u mě.** [jiːzdɛŋku sɪ muːʒɛtɛ koupɪt u mne]
Sie werden auch eine Strafe zahlen.	**Také budete muset zaplatit pokutu.** [takɛː budɛtɛ musɛt zaplatɪt pokutu]
Gut.	**Dobrá.** [dobraː]
Wohin fahren Sie?	**Kam jedete?** [kam jɛdɛtɛ?]
Ich fahre nach …	**Jedu do …** [jɛdu do …]

Wie viel? Ich verstehe nicht.	**Kolik? Nerozumím.** [kolɪk? nɛrozumiːm]
Schreiben Sie es bitte auf.	**Napište to, prosím.** [napɪʃtɛ to, prosiːm]
Gut. Kann ich mit Karte zahlen?	**Dobrá. Můžu platit kreditní kartou?** [dobraː. muːʒu platɪt krɛdɪtniː kartou?]
Ja, das können Sie.	**Ano, můžete.** [ano, muːʒɛtɛ]

Hier ist ihre Quittung.	**Tady je vaše stvrzenka.** [tadɪ jɛ vaʃɛ stvrzɛŋka]
Tut mir leid wegen der Strafe.	**Omlouvám se za tu pokutu.** [omlouvaːm sɛ za tu pokutu]
Das ist in Ordnung. Es ist meine Schuld.	**To je v pořádku. Je to moje chyba.** [to jɛ v porʒaːtku. jɛ to mojɛ xɪba]
Genießen Sie Ihre Fahrt.	**Příjemnou cestu.** [prʒiːjɛmnou tsɛstu]

Taxi

Taxi	**taxík** [taksi:k]
Taxifahrer	**taxikář** [taksɪka:rʒ]
Ein Taxi nehmen	**chytit si taxík** [xɪtɪt sɪ taksi:k]
Taxistand	**stanoviště taxíků** [stanovɪʃte taksi:ku:]
Wo kann ich ein Taxi bekommen?	**Kde můžu sehnat taxík?** [gdɛ mu:ʒu sɛhnat taksi:k?]
Ein Taxi rufen	**volat taxík** [volat taksi:k]
Ich brauche ein Taxi.	**Potřebuju taxík.** [potrʒɛbuju taksi:k]
Jetzt sofort.	**Hned teď.** [hnɛt tɛtʲ]
Wie ist Ihre Adresse? (Standort)	**Jaká je vaše adresa?** [jaka: jɛ vaʃɛ adrɛsa?]
Meine Adresse ist …	**Moje adresa je …** [mojɛ adrɛsa jɛ …]
Ihr Ziel?	**Váš cíl?** [va:ʃ tsi:l?]
Entschuldigen Sie bitte, …	**Promiňte, …** [promɪnʲtɛ, …]
Sind Sie frei?	**Jste volný?** [jstɛ volni:?]
Was kostet die Fahrt nach …?	**Kolik to stojí do …?** [kolɪk to stoji: do …?]
Wissen Sie wo es ist?	**Víte, kde to je?** [vi:tɛ, gdɛ to jɛ?]
Flughafen, bitte.	**Na letiště, prosím.** [na lɛtɪʃte, prosi:m]
Halten Sie hier bitte an.	**Zastavte tady, prosím.** [zastaftɛ tadɪ, prosi:m]
Das ist nicht hier.	**To není tady.** [to nɛni: tadɪ]
Das ist die falsche Adresse.	**To je nesprávná adresa.** [to jɛ nɛspra:vna: adrɛsa]
nach links	**Zabočte doleva.** [zabotʃtɛ dolɛva]
nach rechts	**Zabočte doprava.** [zabotʃtɛ doprava]

Was schulde ich Ihnen?

Kolik vám dlužím?
[kolɪk va:m dluʒi:m?]

Ich würde gerne
ein Quittung haben, bitte.

Chtěl /Chtěla/ bych stvrzenku, prosím.
[xtel /xtela/ bɪx stvrzɛŋku, prosi:m]

Stimmt so.

Drobné si nechte.
[drobnɛ: sɪ nɛxtɛ]

Warten Sie auf mich bitte

Můžete tady na mě počkat?
[mu:ʒetɛ tadɪ na mne potʃkat?]

fünf Minuten

pět minut
[pet mɪnut]

zehn Minuten

deset minut
[dɛsɛt mɪnut]

fünfzehn Minuten

patnáct minut
[patna:tst mɪnut]

zwanzig Minuten

dvacet minut
[dvatsɛt mɪnut]

eine halbe Stunde

půl hodiny
[pu:l hodɪnɪ]

Hotel

Guten Tag.	**Dobrý den.** [dobri: dɛn]
Mein Name ist …	**Jmenuju se …** [jmɛnuju sɛ …]
Ich habe eine Reservierung.	**Mám tady rezervaci.** [ma:m tadɪ rɛzɛrvatsɪ]

Ich brauche …	**Potřebuju …** [potrʒɛbuju …]
ein Einzelzimmer	**jednolůžkový pokoj** [jɛdnolu:ʃkovi: pokoj]
ein Doppelzimmer	**dvoulůžkový pokoj** [dvoulu:ʃkovi: pokoj]
Wie viel kostet das?	**Kolik to stojí?** [kolɪk to stoji:?]
Das ist ein bisschen teuer.	**To je trochu drahé.** [to jɛ troxu drahɛ:]

Haben Sie sonst noch etwas?	**Máte nějaké další možnosti?** [ma:tɛ nejakɛ: dalʃi: moʒnostɪ?]
Ich nehme es.	**To si vezmu.** [to sɪ vɛzmu]
Ich zahle bar.	**Budu platit v hotovosti.** [budu platɪt v hotovostɪ]

Ich habe ein Problem.	**Mám problém.** [ma:m problɛ:m]
Mein … ist kaputt.	**… je rozbitý /rozbitá/.** [… jɛ rozbɪti: /rozbɪta:/]
Mein … ist außer Betrieb.	**… je mimo provoz.** [… jɛ mɪmo provoz]
Fernseher	**Můj televizor …** [mu:j tɛlɛvɪzor …]
Klimaanlage	**Moje klimatizace …** [mojɛ klɪmatɪzatsɛ …]
Wasserhahn	**Můj kohoutek …** [mu:j kohoutɛk …]

Dusche	**Moje sprcha …** [mojɛ sprxa …]
Waschbecken	**Můj dřez …** [mu:j drʒɛz …]
Safe	**Můj sejf …** [mu:j sɛjf …]

Türschloss	**Můj zámek ...** [mu:j za:mɛk ...]
Steckdose	**Moje elektrická zásuvka ...** [mojɛ ɛlɛktrɪtska: za:sufka ...]
Föhn	**Můj fén ...** [mu:j fɛ:n ...]

Ich habe kein ...	**Nemám ...** [nɛma:m ...]
Wasser	**vodu** [vodu]
Licht	**světlo** [svetlo]
Strom	**elektřinu** [ɛlɛktrʒɪnu]

Können Sie mir ... geben?	**Můžete mi dát ...?** [mu:ʒetɛ mɪ da:t ...?]
ein Handtuch	**ručník** [rutʃni:k]
eine Decke	**přikrývku** [prʒɪkri:fku]
Hausschuhe	**bačkory** [batʃkorɪ]
einen Bademantel	**župan** [ʒupan]
etwas Shampoo	**šampón** [ʃampón]
etwas Seife	**mýdlo** [mi:dlo]

Ich möchte ein anderes Zimmer haben.	**Chtěl bych vyměnit pokoje.** [xtel bɪx vɪmnenɪt pokojɛ]
Ich kann meinen Schlüssel nicht finden.	**Nemůžu najít klíč.** [nɛmu:ʒu naji:t kli:tʃ]
Machen Sie bitte meine Tür auf	**Můžete mi otevřít pokoj, prosím?** [mu:ʒetɛ mɪ otɛvrʒi:t pokoj, prosi:m?]
Wer ist da?	**Kdo je tam?** [gdo jɛ tam?]
Kommen Sie rein!	**Vstupte!** [vstuptɛ!]
Einen Moment bitte!	**Minutku!** [mɪnutku!]
Nicht jetzt bitte.	**Teď ne, prosím.** [tɛtʲ nɛ, prosi:m]

Kommen Sie bitte in mein Zimmer.	**Pojďte do mého pokoje, prosím.** [pojdʲtɛ do mɛ:ho pokojɛ, prosi:m]
Ich würde gerne Essen bestellen.	**Chtěl bych si objednat jídlo.** [xtel bɪx sɪ objɛdnat ji:dlo]
Meine Zimmernummer ist ...	**Číslo mého pokoje je ...** [tʃi:slo mɛ:ho pokojɛ jɛ ...]

Ich reise … ab.	**Odjíždím …** [odji:ʒdi:m …]
Wir reisen … ab.	**Odjíždíme …** [odji:ʒdi:mɛ …]
jetzt	**hned teď** [hnɛt tɛtʲ]
diesen Nachmittag	**dnes odpoledne** [dnɛs otpolɛdnɛ]
heute Abend	**dnes večer** [dnɛs vɛtʃɛr]
morgen	**zítra** [zi:tra]
morgen früh	**zítra dopoledne** [zi:tra dopolɛdnɛ]
morgen Abend	**zítra večer** [zi:tra vɛtʃɛr]
übermorgen	**pozítří** [pozi:trʃi:]

Ich möchte die Zimmerrechnung begleichen.	**Chtěl bych zaplatit.** [xtel bɪx zaplatɪt]
Alles war wunderbar.	**Všechno bylo skvělé.** [vʃɛxno bɪlo skvelɛ:]
Wo kann ich ein Taxi bekommen?	**Kde můžu sehnat taxík?** [gdɛ mu:ʒu sɛhnat taksi:k?]
Würden Sie bitte ein Taxi für mich holen?	**Můžete mi zavolat taxík, prosím?** [mu:ʒetɛ mɪ zavolat taksi:k, prosi:m?]

Restaurant

Könnte ich die Speisekarte sehen bitte?

Můžu se podívat na jídelní lístek, prosím?
[muːʒu sɛ podiːvat na jiːdɛlniː liːstɛk, prosiːm?]

Tisch für einen.

Stůl pro jednoho.
[stuːl pro jɛdnoho]

Wir sind zu zweit (dritt, viert).

Jsme dva (tři, čtyři).
[jsmɛ dva (trʒɪ, tʃtɪrʒɪ)]

Raucher

Kuřáci
[kurʒaːtsɪ]

Nichtraucher

Nekuřáci
[nɛkurʒaːtsɪ]

Entschuldigen Sie mich!
(Einen Kellner ansprechen)

Promiňte!
[promɪɲⁱtɛ!]

Speisekarte

jídelní lístek
[jiːdɛlniː liːstɛk]

Weinkarte

vinný lístek
[vɪnnɪ liːstɛk]

Die Speisekarte bitte.

Jídelní lístek, prosím.
[jiːdɛlni liːstɛk, prosiːm]

Sind Sie bereit zum bestellen?

Vybrali jste si?
[vɪbralɪ jstɛ sɪ?]

Was würden Sie gerne haben?

Co si dáte?
[tso sɪ daːtɛ?]

Ich möchte …

Dám si …
[daːm sɪ …]

Ich bin Vegetarier.

Jsem vegetarián.
[jsɛm vɛgɛtarɪaːn]

Fleisch

maso
[maso]

Fisch

ryba
[rɪba]

Gemüse

zelenina
[zɛlɛnɪna]

Haben Sie vegetarisches Essen?

Máte vegetariánská jídla?
[maːtɛ vɛgɛtarɪaːnskaː jiːdla?]

Ich esse kein Schweinefleisch.

Nejím vepřové.
[nɛjiːm vɛprʃovɛː]

Er /Sie/ isst kein Fleisch.

On /ona/ nejí maso.
[on /ona/ nɛjiː maso]

Ich bin allergisch auf ...	**Jsem alergický /alergická/ na ...** [jsɛm alɛrgɪtski: /alɛrgɪtska:/ na ...]
Könnten Sie mir bitte ... Bringen.	**Přinesl byste mi prosím ...** [prʒɪnɛsl bɪstɛ mɪ prosi:m ...]
Salz | Pfeffer | Zucker	**sůl | pepř | cukr** [su:l | pɛprʒ | tsukr]
Kaffee | Tee | Nachtisch	**kávu | čaj | zákusek** [ka:vu | tʃaj | za:kusɛk]
Wasser | Sprudel | stilles	**vodu | perlivou | neperlivou** [vodu | pɛrlɪvou | nɛpɛrlɪvou]
einen Löffel | eine Gabel | ein Messer	**lžíci | vidličku | nůž** [lʒi:tsɪ | vɪdlɪtʃku | nu:ʒ]
einen Teller | eine Serviette	**talíř | ubrousek** [tali:rʒ | ubrousɛk]

Guten Appetit!	**Dobrou chuť!** [dobrou xutʲ!]
Noch einen bitte.	**Ještě jednou, prosím.** [jɛʃte jɛdnou, prosi:m]
Es war sehr lecker.	**Bylo to výborné.** [bɪlo to vi:bornɛ:]

Scheck | Wechselgeld | Trinkgeld	**účet | drobné | spropitné** [u:tʃɛt | drobnɛ: | spropɪtnɛ:]
Zahlen bitte.	**Účet, prosím.** [u:tʃɛt, prosi:m]
Kann ich mit Karte zahlen?	**Můžu platit kreditní kartou?** [mu:ʒu platɪt krɛdɪtni: kartou?]
Entschuldigen Sie, hier ist ein Fehler.	**Omlouvám se, ale tady je chyba.** [omlouva:m sɛ, alɛ tadɪ jɛ xɪba]

Einkaufen

Kann ich Ihnen behilflich sein?	**Co si přejete?** [tso sɪ prʒɛjɛtɛ?]
Haben Sie ...?	**Máte ...?** [maːtɛ ...?]
Ich suche ...	**Hledám ...** [hlɛdaːm ...]
Ich brauche ...	**Potřebuju ...** [potrʒɛbuju ...]

Ich möchte nur schauen.	**Jen se dívám.** [jɛn sɛ diːvaːm]
Wir möchten nur schauen.	**Jen se díváme.** [jɛn sɛ diːvaːmɛ]
Ich komme später noch einmal zurück.	**Vrátím se později.** [vraːtiːm sɛ pozdejɪ]
Wir kommen später vorbei.	**Vrátíme se později.** [vraːtiːmɛ sɛ pozdejɪ]
Rabatt | Ausverkauf	**slevy | výprodej** [slɛvɪ | viːprodɛj]

Zeigen Sie mir bitte ...	**Můžete mi prosím ukázat ...** [muːʒetɛ mɪ prosiːm ukaːzat ...]
Geben Sie mir bitte ...	**Můžete mi prosím dát ...** [muːʒetɛ mɪ prosiːm daːt ...]
Kann ich es anprobieren?	**Můžu si to vyzkoušet?** [muːʒu sɪ to vɪskouʃɛt?]
Entschuldigen Sie bitte, wo ist die Anprobe?	**Promiňte, kde je zkušební kabinka?** [promɪɲtɛ, gdɛ jɛ skuʃɛbniː kabɪŋka?]
Welche Farbe mögen Sie?	**Jakou byste chtěl /chtěla/ barvu?** [jakou bɪstɛ xtel /xtela/ barvu?]
Größe | Länge	**velikost | délku** [vɛlɪkost | dɛːlku]
Wie sitzt es?	**Jak vám to sedí?** [jak vaːm to sɛdiː?]

Was kostet das?	**Kolik to stojí?** [kolɪk to stojiː?]
Das ist zu teuer.	**To je příliš drahé.** [to jɛ prʃiːlɪʃ drahɛː]
Ich nehme es.	**Vezmu si to.** [vɛzmu sɪ to]
Entschuldigen Sie bitte, wo ist die Kasse?	**Promiňte, kde můžu zaplatit?** [promɪɲtɛ, gdɛ muːʒu zaplatɪt?]

Zahlen Sie Bar oder mit Karte?

Budete platit v hotovosti nebo kreditní kartou?
[budɛtɛ platɪt v hotovostɪ nɛbo krɛdɪtni: kartou?]

in Bar | mit Karte

v hotovosti | kreditní kartou
[v hotovostɪ | krɛdɪtni: kartou]

Brauchen Sie die Quittung?

Chcete stvrzenku?
[xtsɛtɛ stvrzɛŋku?]

Ja, bitte.

Ano, prosím.
[ano, prosi:m]

Nein, es ist ok.

Ne, to je dobré.
[nɛ, to jɛ dobrɛ:]

Danke. Einen schönen Tag noch!

Děkuji. Hezký den.
[dekujɪ. hɛski: dɛn]

In der Stadt

Entschuldigen Sie bitte, …	**Promiňte, prosím.** [promɪnˈtɛ, prosiːm]
Ich suche …	**Hledám …** [hlɛdaːm …]
die U-Bahn	**metro** [mɛtro]
mein Hotel	**svůj hotel** [svuːj hotɛl]
das Kino	**kino** [kɪno]
den Taxistand	**stanoviště taxíků** [stanovɪʃte taksiːkuː]

einen Geldautomat	**bankomat** [baŋkomat]
eine Wechselstube	**směnárnu** [smnenaːrnu]
ein Internetcafé	**internetovou kavárnu** [ɪntɛrnɛtovou kavaːrnu]
die … -Straße	**… ulici** [… ulɪtsɪ]
diesen Ort	**toto místo** [toto miːsto]

Wissen Sie, wo … ist?	**Nevíte, kde je …?** [nɛviːtɛ, gdɛ jɛ …?]
Wie heißt diese Straße?	**Jaká je toto ulice?** [jaka: jɛ toto ulɪtsɛ?]
Zeigen Sie mir wo wir gerade sind.	**Ukažte mi, kde teď jsme.** [ukaʃtɛ mɪ, gdɛ tɛdʲ jsmɛ]
Kann ich dort zu Fuß hingehen?	**Dostanu se tam pěšky?** [dostanu sɛ tam pɛʃkɪ?]
Haben Sie einen Stadtplan?	**Máte mapu tohoto města?** [maːtɛ mapu tohoto mnesta?]

Was kostet eine Eintrittskarte?	**Kolik stojí vstupenka?** [kolɪk stojiː vstupɛŋka?]
Darf man hier fotografieren?	**Můžu tady fotit?** [muːʒu tadɪ fotɪt?]
Haben Sie offen?	**Máte otevřeno?** [maːtɛ otɛvrʒɛno?]

Wann öffnen Sie?

Kdy otvíráte?
[gdɪ otviːraːtɛ?]

Wann schließen Sie?

Kdy zavíráte?
[gdɪ zaviːraːtɛ?]

Geld

Geld	**peníze** [pɛniːzɛ]
Bargeld	**hotovost** [hotovost]
Papiergeld	**papírové peníze** [papiːrovɛː pɛniːzɛ]
Kleingeld	**drobné** [drobnɛː]
Scheck | Wechselgeld | Trinkgeld	**účet | drobné | spropitné** [uːtʃɛt | drobnɛː | spropɪtnɛː]
Kreditkarte	**kreditní karta** [krɛdɪtniː karta]
Geldbeutel	**peněženka** [pɛnɛʒɛŋka]
kaufen	**koupit** [koupɪt]
zahlen	**platit** [platɪt]
Strafe	**pokuta** [pokuta]
kostenlos	**zdarma** [zdarma]
Wo kann ich ... kaufen?	**Kde dostanu koupit ...?** [gdɛ dostanu koupɪt ...?]
Ist die Bank jetzt offen?	**Je teď otevřená banka?** [jɛ tɛdʲ otɛvrʒɛnaː baŋka?]
Wann öffnet sie?	**Kdy otvírají?** [gdɪ otviːrajiː?]
Wann schließt sie?	**Kdy zavírají?** [gdɪ zaviːrajiː?]
Wie viel?	**Kolik?** [kolɪk?]
Was kostet das?	**Kolik to stojí?** [kolɪk to stojiː?]
Das ist zu teuer.	**To je příliš drahé.** [to jɛ prʃiːlɪʃ drahɛː]
Entschuldigen Sie bitte, wo ist die Kasse?	**Promiňte, kde můžu zaplatit?** [promɪɲtɛ, gdɛ muːʒu zaplatɪt?]
Ich möchte zahlen.	**Účet, prosím.** [uːtʃɛt, prosiːm]

Kann ich mit Karte zahlen?	**Můžu platit kreditní kartou?** [muːʒu platɪt krɛdɪtniː kartou?]
Gibt es hier einen Geldautomat?	**Je tady bankomat?** [jɛ tadɪ baŋkomat?]
Ich brauche einen Geldautomat.	**Hledám bankomat.** [hlɛdaːm baŋkomat]

Ich suche eine Wechselstube.	**Hledám směnárnu.** [hlɛdaːm smnenaːrnu]
Ich möchte ... wechseln.	**Chtěl bych si vyměnit ...** [xtel bɪx sɪ vɪmnenɪt ...]
Was ist der Wechselkurs?	**Jaký je kurz?** [jakiː jɛ kurs?]
Brauchen Sie meinen Reisepass?	**Potřebujete můj pas?** [potrʒɛbujɛtɛ muːj pas?]

Zeit

Wie spät ist es?	**Kolik je hodin?** [kolɪk jɛ hodɪn?]
Wann?	**Kdy?** [gdɪ?]
Um wie viel Uhr?	**V kolik hodin?** [v kolɪk hodɪn?]
jetzt | später | nach ...	**teď | později | po ...** [tɛdʲ | pozdejɪ | po ...]

ein Uhr	**jedna hodina** [jɛdna hodɪna]
Viertel zwei	**čtvrt na dvě** [tʃtvrt na dve]
Ein Uhr dreißig	**půl druhé** [pu:l druhɛ:]
Viertel vor zwei	**tři čtvrtě na dvě** [trʒɪ tʃtvrte na dve]

eins | zwei | drei	**jedna | dvě | tři** [jɛdna | dve | trʒɪ]
vier | fünf | sechs	**čtyři | pět | šest** [tʃtɪrʒɪ | pet | ʃɛst]
sieben | acht | neun	**sedm | osm | devět** [sɛdm | osm | dɛvet]
zehn | elf | zwölf	**deset | jedenáct | dvanáct** [dɛsɛt | jɛdɛna:tst | dvana:tst]

in ...	**za ...** [za ...]
fünf Minuten	**pět minut** [pet mɪnut]
zehn Minuten	**deset minut** [dɛsɛt mɪnut]
fünfzehn Minuten	**patnáct minut** [patna:tst mɪnut]
zwanzig Minuten	**dvacet minut** [dvatsɛt mɪnut]
einer halben Stunde	**půl hodiny** [pu:l hodɪnɪ]
einer Stunde	**hodinu** [hodɪnu]

am Vormittag	**dopoledne** [dopolɛdnɛ]
früh am Morgen	**brzy ráno** [brzɪ ra:no]
diesen Morgen	**dnes dopoledne** [dnɛs dopolɛdnɛ]
morgen früh	**zítra dopoledne** [zi:tra dopolɛdnɛ]
am Mittag	**v poledne** [v polɛdnɛ]
am Nachmittag	**odpoledne** [otpolɛdnɛ]
am Abend	**večer** [vɛtʃɛr]
heute Abend	**dnes večer** [dnɛs vɛtʃɛr]
in der Nacht	**v noci** [v notsɪ]
gestern	**včera** [vtʃɛra]
heute	**dnes** [dnɛs]
morgen	**zítra** [zi:tra]
übermorgen	**pozítří** [pozi:trʃi:]
Welcher Tag ist heute?	**Kolikátého je dnes?** [kolɪka:tɛ:ho jɛ dnɛs?]
Es ist …	**Dnes je …** [dnɛs jɛ …]
Montag	**pondělí** [pondeli:]
Dienstag	**úterý** [u:tɛri:]
Mittwoch	**středa** [strʒɛda]
Donnerstag	**čtvrtek** [tʃtvrtɛk]
Freitag	**pátek** [pa:tɛk]
Samstag	**sobota** [sobota]
Sonntag	**neděle** [nɛdelɛ]

Begrüßungen und Vorstellungen

Hallo.

Dobrý den.
[dobri: dɛn]

Freut mich, Sie kennen zu lernen.

Těší mě, že vás poznávám.
[teʃi: mne, ʒe va:s pozna:va:m]

Ganz meinerseits.

Mě také.
[mne takɛ:]

Darf ich vorstellen? Das ist ...

Rád /Ráda/ bych
vás seznámil /seznámila/ ...
[ra:d /ra:da/ bɪx
va:s sɛzna:mɪl /sɛzna:mɪla/ ...]

Sehr angenehm.

Těší mě.
[teʃi: mne]

Wie geht es Ihnen?

Jak se máte?
[jak sɛ ma:tɛ?]

Ich heiße ...

Jmenuju se ...
[jmɛnuju sɛ ...]

Er heißt ...

On se jmenuje ...
[on sɛ jmɛnujɛ ...]

Sie heißt ...

Ona se jmenuje ...
[ona sɛ jmɛnujɛ ...]

Wie heißen Sie?

Jak se jmenujete?
[jak sɛ jmɛnujɛtɛ?]

Wie heißt er?

Jak se jmenuje?
[jak sɛ jmɛnujɛ?]

Wie heißt sie?

Jak se jmenuje?
[jak sɛ jmɛnujɛ?]

Wie ist Ihr Nachname?

Jaké je vaše příjmení?
[jakɛ: jɛ vaʃɛ prʒi:jmɛni:?]

Sie können mich ... nennen.

Můžete mi říkat ...
[muːʒetɛ mɪ rʒi:kat ...]

Woher kommen Sie?

Odkud jste?
[otkut jstɛ?]

Ich komme aus ...

Jsem z ...
[jsɛm s ...]

Was machen Sie beruflich?

Čím jste?
[tʃi:m jstɛ?]

Wer ist das?

Kdo to je?
[gdo to jɛ?]

Wer ist er?

Kdo je on?
[gdo jɛ on?]

Wer ist sie?	**Kdo je ona?** [gdo jɛ ona?]
Wer sind sie?	**Kdo jsou oni?** [gdo jsou onɪ?]

Das ist ...	**To je ...** [to jɛ ...]
mein Freund	**můj přítel** [muːj prʃiːtɛl]
meine Freundin	**moje přítelkyně** [mojɛ prʃiːtɛlkɪne]
mein Mann	**můj manžel** [muːj manʒel]
meine Frau	**moje manželka** [mojɛ manʒelka]

mein Vater	**můj otec** [muːj otɛts]
meine Mutter	**moje matka** [mojɛ matka]
mein Bruder	**můj bratr** [muːj bratr]
meine Schwester	**moje sestra** [mojɛ sɛstra]
mein Sohn	**můj syn** [muːj sɪn]
meine Tochter	**moje dcera** [mojɛ dtsɛra]

Das ist unser Sohn.	**To je náš syn.** [to jɛ naːʃ sɪn]
Das ist unsere Tochter.	**To je naše dcera.** [to jɛ naʃɛ dtsɛra]
Das sind meine Kinder.	**To jsou moje děti.** [to jsou mojɛ detɪ]
Das sind unsere Kinder.	**To jsou naše děti.** [to jsou naʃɛ detɪ]

Verabschiedungen

Auf Wiedersehen!	**Na shledanou!** [na sxlɛdanou!]
Tschüss!	**Ahoj!** [ahoj!]
Bis morgen.	**Uvidíme se zítra.** [uvɪdi:mɛ sɛ zi:tra]
Bis bald.	**Brzy ahoj.** [brzɪ ahoj]
Bis um sieben.	**Ahoj v sedm.** [ahoj v sɛdm]
Viel Spaß!	**Hezkou zábavu!** [hɛskou za:bavu!]
Wir sprechen später.	**Promluvíme si později.** [promluvi:mɛ sɪ pozdejɪ]
Ich wünsche Ihnen ein schönes Wochenende.	**Hezký víkend.** [hɛskɪ vi:kɛnt]
Gute Nacht.	**Dobrou noc.** [dobrou nots]
Es ist Zeit, dass ich gehe.	**Už musím jít.** [uʒ musi:m ji:t]
Ich muss gehen.	**Musím jít.** [musi:m ji:t]
Ich bin gleich wieder da.	**Hned se vrátím.** [hnɛt sɛ vra:ti:m]
Es ist schon spät.	**Je pozdě.** [jɛ pozde]
Ich muss früh aufstehen.	**Musím brzy vstávat.** [musi:m brzɪ vsta:vat]
Ich reise morgen ab.	**Zítra odjíždím.** [zi:tra odji:ʒdi:m]
Wir reisen morgen ab.	**Zítra odjíždíme.** [zi:tra odji:ʒdi:mɛ]
Ich wünsche Ihnen eine gute Reise!	**Hezký výlet!** [hɛskɪ vɪlɛt!]
Hat mich gefreut, Sie kennen zu lernen.	**Jsem rád /ráda/, že jsem vás poznal /poznala/.** [jsɛm ra:d /ra:da/, ʒe jsɛm va:s poznal /poznala/]

Hat mich gefreut mit Ihnen zu sprechen.

Rád /Ráda/ jsem si s vámi popovídal /popovídala/.
[ra:d /ra:da/ jsɛm sɪ s va:mɪ popovi:dal /popovi:dala/]

Danke für alles.

Děkuji vám za všechno.
[dekujɪ va:m za vʃɛxno]

Ich hatte eine sehr gute Zeit.

Měl /Měla/ jsem se moc dobře.
[mnel /mnela/ jsɛm sɛ mots dobrʒɛ]

Wir hatten eine sehr gute Zeit.

Měli /Měly/ jsme se moc dobře.
[mnelɪ /mnelɪ/ jsmɛ sɛ mots dobrʒɛ]

Es war wirklich toll.

Bylo to fakt skvělé.
[bɪlo to fakt skvelɛ:]

Ich werde Sie vermissen.

Bude se mi po tobě stýskat.
[budɛ sɛ mɪ po tobe sti:skat]

Wir werden Sie vermissen.

Bude se nám po vás stýskat.
[budɛ sɛ na:m po va:s sti:skat]

Viel Glück!

Hodně štěstí!
[hodne ʃtesti:!]

Grüßen Sie ...

Pozdravuj ...
[pozdravuj ...]

Fremdsprache

Ich verstehe nicht.	**Nerozumím.** [nɛrozumi:m]
Schreiben Sie es bitte auf.	**Napište to, prosím.** [napɪʃtɛ to, prosi:m]
Sprechen Sie ...?	**Mluvíte ...?** [mluvi:tɛ ...?]

Ich spreche ein bisschen ...	**Mluvím trochu ...** [mluvi:m troxu ...]
Englisch	**anglicky** [anglɪtskɪ]
Türkisch	**turecky** [turɛtskɪ]
Arabisch	**arabsky** [arapskɪ]
Französisch	**francouzsky** [frantsouskɪ]

Deutsch	**německy** [nemɛtskɪ]
Italienisch	**italsky** [ɪtalskɪ]
Spanisch	**španělsky** [ʃpanelskɪ]
Portugiesisch	**portugalsky** [portugalskɪ]
Chinesisch	**čínsky** [tʃi:nskɪ]
Japanisch	**japonsky** [japonskɪ]

Können Sie das bitte wiederholen.	**Můžete to prosím zopakovat.** [muːʒetɛ to prosi:m zopakovat]
Ich verstehe.	**Rozumím.** [rozumi:m]
Ich verstehe nicht.	**Nerozumím.** [nɛrozumi:m]
Sprechen Sie etwas langsamer.	**Mluvte prosím pomalu.** [mluftɛ prosi:m pomalu]

Ist das richtig?	**Je to správně?** [jɛ to spra:vne?]
Was ist das? (Was bedeutet das?)	**Co to je?** [tso to jɛ?]

Entschuldigungen

Entschuldigen Sie bitte.

Promiňte, prosím.
[promɪnʲtɛ, prosiːm]

Es tut mir leid.

Omlouvám se.
[omlouvaːm sɛ]

Es tut mir sehr leid.

Je mi to opravdu líto.
[jɛ mɪ to opravdu liːto]

Es tut mir leid, das ist meine Schuld.

Omlouvám se, je to moje chyba.
[omlouvaːm sɛ, jɛ to mojɛ xɪba]

Das ist mein Fehler.

Moje chyba.
[mojɛ xɪba]

Darf ich ...?

Můžu ...?
[muːʒu ...?]

Haben Sie etwas dagegen, wenn ich ...?

Nevadilo by vám, kdybych ...?
[nɛvadɪlo bɪ vaːm, gdɪbɪx ...?]

Es ist okay.

Nic se nestalo.
[nɪts sɛ nɛstalo]

Alles in Ordnung.

To je v pořádku.
[to jɛ v porʒaːtku]

Machen Sie sich keine Sorgen.

Tím se netrapte.
[tiːm sɛ nɛtraptɛ]

Einigung

Ja.	**Ano.** [ano]
Ja, natürlich.	**Ano, jistě.** [ano, jɪste]
Ok! (Gut!)	**Dobrá.** [dobra:]
Sehr gut.	**Dobře.** [dobrʒɛ]
Natürlich!	**Samozřejmě!** [samozrʒɛjmne!]
Genau.	**Souhlasím.** [souhlasi:m]

Das stimmt.	**To je správně.** [to jɛ spra:vne]
Das ist richtig.	**To je v pořádku.** [to jɛ v porʒa:tku]
Sie haben Recht.	**Máte pravdu.** [ma:tɛ pravdu]
Ich habe nichts dagegen.	**Nevadí mi to.** [nɛvadi: mɪ to]
Völlig richtig.	**To je naprosto správně.** [to jɛ naprosto spra:vne]

Das kann sein.	**Je to možné.** [jɛ to moʒnɛ:]
Das ist eine gute Idee.	**To je dobrý nápad.** [to jɛ dobri: na:pat]
Ich kann es nicht ablehnen.	**Nemůžu říct ne.** [nɛmu:ʒu rʒi:tst nɛ]
Ich würde mich freuen.	**Hrozně rád /ráda/.** [hrozne ra:d /ra:da/]
Gerne.	**S radostí.** [s radosti:]

Ablehnung. Äußerung von Zweifel

Nein.	**Ne.** [nɛ]
Natürlich nicht.	**Určitě ne.** [urtʃɪte nɛ]
Ich stimme nicht zu.	**Nesouhlasím.** [nɛsouhlasi:m]
Das glaube ich nicht.	**Myslím, že ne.** [mɪsli:m, ʒe nɛ]
Das ist falsch.	**To není pravda.** [to nɛni: pravda]

Sie liegen falsch.	**Mýlíte se.** [mɪli:tɛ sɛ]
Ich glaube, Sie haben Unrecht.	**Myslím, že se mýlíte.** [mɪsli:m, ʒe sɛ mi:li:tɛ]
Ich bin nicht sicher.	**Nejsem si jist /jista/.** [nɛjsɛm sɪ jɪst /jɪsta/]
Das ist unmöglich.	**To je nemožné.** [to jɛ nɛmoʒnɛ:]
Nichts dergleichen!	**Nic takového!** [nɪts takovɛ:ho!]

Im Gegenteil!	**Přesně naopak.** [prʃɛsne naopak]
Ich bin dagegen.	**Jsem proti.** [jsɛm protɪ]
Es ist mir egal.	**Je mi to jedno.** [jɛ mɪ to jɛdno]
Keine Ahnung.	**Nemám ani ponětí.** [nɛma:m anɪ poneti:]
Ich bezweifle, dass es so ist.	**To pochybuju.** [to poxɪbuju]

Es tut mir leid, ich kann nicht.	**Bohužel, nemůžu.** [bohuʒel, nɛmu:ʒu]
Es tut mir leid, ich möchte nicht.	**Bohužel, nechci.** [bohuʒel, nɛxtsɪ]

Danke, das brauche ich nicht.	**Děkuju, ale to já nepotřebuju.** [dekuju, alɛ to ja: nɛpotrʒɛbuju]
Es ist schon spät.	**Už je pozdě.** [uʒ jɛ pozde]

Ich muss früh aufstehen.

Musím brzy vstávat.
[musiːm brzɪ vstaːvat]

Mir geht es schlecht.

Necítím se dobře.
[nɛtsiːtiːm sɛ dobrʒɛ]

Dankbarkeit ausdrücken

Danke.	**Děkuju.** [dekuju]
Dankeschön.	**Děkuju mockrát.** [dekuju motskraːt]
Ich bin Ihnen sehr verbunden.	**Opravdu si toho vážím.** [opravdu sɪ toho vaːʒiːm]
Ich bin Ihnen sehr dankbar.	**Jsem vám opravdu vděčný /vděčná/.** [jsɛm vaːm opravdu vdetʃni: /vdetʃna:/]
Wir sind Ihnen sehr dankbar.	**Jsme vám opravdu vděční.** [jsmɛ vaːm opravdu vdetʃni:]

Danke, dass Sie Ihre Zeit geopfert haben.	**Děkuju za váš čas.** [dekuju za vaːʃ tʃas]
Danke für alles.	**Děkuju za všechno.** [dekuju za vʃɛxno]
Danke für ...	**Děkuju za ...** [dekuju za ...]
Ihre Hilfe	**vaši pomoc** [vaʃɪ pomots]
die schöne Zeit	**příjemně strávený čas** [prʒiːjɛme stra:vɛnɪ tʃas]

das wunderbare Essen	**skvělé jídlo** [skvelɛ: jiːdlo]
den angenehmen Abend	**příjemný večer** [prʒiːjɛmnɪ vɛtʃɛr]
den wunderschönen Tag	**nádherný den** [naːdhɛrni: dɛn]
die interessante Führung	**úžasnou cestu** [uːʒasnou tsɛstu]

Keine Ursache.	**To nestojí za řeč.** [to nɛstojiː za rʒɛtʃ]
Nichts zu danken.	**Není zač.** [nɛni: zatʃ]
Immer gerne.	**Je mi potěšením.** [jɛ mɪ poteʃɛni:m]
Es freut mich, geholfen zu haben.	**S radostí.** [s radosti:]
Vergessen Sie es.	**To nestojí za řeč.** [to nɛstojiː za rʒɛtʃ]
Machen Sie sich keine Sorgen.	**Tím se netrapte.** [tiːm sɛ nɛtraptɛ]

Glückwünsche. Beste Wünsche

Glückwunsch!	**Blahopřeju!** [blahoprʒɛju!]
Alles gute zum Geburtstag!	**Všechno nejlepší k narozeninám!** [vʃɛxno nɛjlɛpʃiː k narozɛnɪnaːm!]
Frohe Weihnachten!	**Veselé Vánoce!** [vɛsɛlɛ: va:notsɛ!]
Frohes neues Jahr!	**Šťastný nový rok!** [ʃtʲastni: novi: rok!]

Frohe Ostern!	**Veselé Velikonoce!** [vɛsɛlɛ: vɛlɪkonotsɛ!]
Frohes Hanukkah!	**Šťastnou Chanuku!** [ʃtʲastnou xanuku!]

Ich möchte einen Toast ausbringen.	**Chtěl /Chtěla/ bych pronést přípitek.** [xtel /xtela/ bɪx pronɛ:st prʒi:pɪtɛk]
Auf Ihr Wohl!	**Na zdraví!** [na zdravi:!]
Trinken wir auf …!	**Pojďme se napít na …!** [pojdʲmɛ sɛ napi:t na …!]
Auf unseren Erfolg!	**Na náš úspěch!** [na na:ʃ u:spex!]
Auf Ihren Erfolg!	**Na váš úspěch!** [na va:ʃ u:spex!]

Viel Glück!	**Hodně štěstí!** [hodne ʃtesti:!]
Einen schönen Tag noch!	**Hezký den!** [hɛski: dɛn!]
Haben Sie einen guten Urlaub!	**Hezkou dovolenou!** [hɛskou dovolɛnou!]
Haben Sie eine sichere Reise!	**Šťastnou cestu!** [ʃtʲastnou tsɛstu!]
Ich hoffe es geht Ihnen bald besser!	**Doufám, že se brzy uzdravíte!** [doufa:m, ʒe sɛ brzɪ uzdravi:tɛ!]

Sozialisieren

Warum sind Sie traurig?	**Proč jste smutný /smutná/?** [protʃ jstɛ smutni: /smutna:/?]
Lächeln Sie!	**Usmějte se! Hlavu vzhůru!** [usmnejtɛ sɛ! hlavu vzhu:ru!]
Sind Sie heute Abend frei?	**Máte dnes večer čas?** [ma:tɛ dnɛs vɛtʃɛr tʃas?]

Darf ich Ihnen was zum Trinken anbieten?	**Můžu vám nabídnout něco k pití?** [mu:ʒu va:m nabi:dnout netso k pɪti:?]
Möchten Sie tanzen?	**Smím prosít?** [smi:m prosi:t?]
Gehen wir ins Kino.	**Nechcete jít do kina?** [nɛxtsɛtɛ ji:t do kɪna?]

Darf ich Sie ins ... einladen?	**Můžu vás pozvat ...?** [mu:ʒu va:s pozvat ...?]
Restaurant	**do restaurace** [do rɛstauratsɛ]
Kino	**do kina** [do kɪna]
Theater	**do divadla** [do dɪvadla]
auf einen Spaziergang	**na procházku** [na proxa:sku]

Um wie viel Uhr?	**V kolik hodin?** [v kolɪk hodɪn?]
heute Abend	**dnes večer** [dnɛs vɛtʃɛr]
um sechs Uhr	**v šest** [v ʃɛst]
um sieben Uhr	**v sedm** [v sɛdm]
um acht Uhr	**v osm** [v osm]
um neun Uhr	**v devět** [v dɛvet]

Gefällt es Ihnen hier?	**Líbí se vám tady?** [li:bi: sɛ va:m tadɪ?]
Sind Sie hier mit jemandem?	**Jste tady s někým?** [jstɛ tadɪ s neki:m?]
Ich bin mit meinem Freund /meiner Freundin/.	**Jsem tady s přítelem /přítelkyní/.** [jsɛm tadɪ s prʒi:tɛlɛm /prʒi:tɛlkɪni:/]

Ich bin mit meinen Freunden.	**Jsem tady s přáteli.** [jsɛm tadɪ s prʒaːtɛlɪ]
Nein, ich bin alleine.	**Ne, jsem tady sám /sama/.** [nɛ, jsɛm tadɪ saːm /sama/]

Hast du einen Freund?	**Máš přítele?** [maːʃ prʃiːtɛlɛ?]
Ich habe einen Freund.	**Mám přítele.** [maːm prʃiːtɛlɛ]
Hast du eine Freundin?	**Máš přítelkyni?** [maːʃ prʃiːtɛlkɪnɪ?]
Ich habe eine Freundin.	**Mám přítelkyni.** [maːm prʃiːtɛlkɪnɪ]

Kann ich dich nochmals sehen?	**Můžu tě zase vidět?** [muːʒu te zasɛ vɪdɛt?]
Kann ich dich anrufen?	**Můžu ti zavolat?** [muːʒu tɪ zavolat?]
Ruf mich an.	**Zavolej mi.** [zavolɛj mɪ]
Was ist deine Nummer?	**Jaké je tvoje číslo?** [jakɛː jɛ tvojɛ tʃiːslo?]
Ich vermisse dich.	**Stýská se mi po tobě.** [stiːska: sɛ mɪ po tobe]

Sie haben einen schönen Namen.	**Máte krásné jméno.** [maːtɛ kraːsnɛː jmɛːno]
Ich liebe dich.	**Miluju tě.** [mɪluju te]
Willst du mich heiraten?	**Vezmeš si mě?** [vɛzmɛʃ sɪ mne?]
Sie machen Scherze!	**Děláte si legraci!** [delaːtɛ sɪ lɛgratsɪ!]
Ich habe nur gescherzt.	**Žertoval /Žertovala/ jsem.** [ʒertoval /ʒertovala/ jsɛm]

Ist das Ihr Ernst?	**Myslíte to vážně?** [mɪsliːtɛ to vaːʒne?]
Das ist mein Ernst.	**Myslím to vážně.** [mɪsliːm to vaːʒne]
Echt?!	**Opravdu?!** [opravdu?!]
Das ist unglaublich!	**To je neuvěřitelné!** [to jɛ nɛuverʒɪtɛlnɛ:!]
Ich glaube Ihnen nicht.	**Nevěřím vám.** [nɛverʒiːm vaːm]
Ich kann nicht.	**Nemůžu.** [nɛmuːʒu]
Ich weiß nicht.	**Nevím.** [nɛviːm]
Ich verstehe Sie nicht.	**Nerozumím vám.** [nɛrozumiːm vaːm]

Bitte gehen Sie weg.	**Odejděte prosím.** [odɛjdetɛ prosi:m]
Lassen Sie mich in Ruhe!	**Nechte mě na pokoji!** [nɛxtɛ mne na pokojɪ!]

Ich kann ihn nicht ausstehen.	**Nesnáším ho.** [nɛsna:ʃi:m ho]
Sie sind widerlich!	**Jste odporný!** [jstɛ otporni:!]
Ich rufe die Polizei an!	**Zavolám policii!** [zavola:m polɪtsɪjɪ!]

Gemeinsame Eindrücke. Emotionen

Das gefällt mir.	**Líbí se mi to.** [liːbiː sɛ mɪ to]
Sehr nett.	**Moc pěkné.** [mots pɛknɛ:]
Das ist toll!	**To je skvělé!** [to jɛ skvɛlɛ:!]
Das ist nicht schlecht.	**To není špatné.** [to nɛni: ʃpatnɛ:]

Das gefällt mir nicht.	**Nelíbí se mi to.** [nɛliːbiː sɛ mɪ to]
Das ist nicht gut.	**To není dobře.** [to nɛni: dobrʒɛ]
Das ist schlecht.	**To je špatné.** [to jɛ ʃpatnɛ:]
Das ist sehr schlecht.	**Je to moc špatné.** [jɛ to mots ʃpatnɛ:]
Das ist widerlich.	**To je odporné.** [to jɛ otpornɛ:]

Ich bin glücklich.	**Jsem šťastný /šťastná/.** [jsɛm ʃtʲastni: /ʃtʲastna:/]
Ich bin zufrieden.	**Jsem spokojený /spokojená/.** [jsɛm spokojɛni: /spokojɛna:/]
Ich bin verliebt.	**Jsem zamilovaný /zamilovaná/.** [jsɛm zamɪlovani: /zamɪlovana:/]
Ich bin ruhig.	**Jsem klidný /klidná/.** [jsɛm klɪdni: /klɪdna:/]
Ich bin gelangweilt.	**Nudím se.** [nudiːm sɛ]

Ich bin müde.	**Jsem unavený /unavená/.** [jsɛm unavɛni: /unavɛna:/]
Ich bin traurig.	**Jsem smutný /smutná/.** [jsɛm smutni: /smutna:/]
Ich habe Angst.	**Jsem vystrašený /vystrašená/.** [jsɛm vɪstraʃɛni: /vɪstraʃɛna:/]

Ich bin wütend.	**Zlobím se.** [zlobiːm sɛ]
Ich mache mir Sorgen.	**Mám starosti.** [maːm starostɪ]
Ich bin nervös.	**Jsem nervózní.** [jsɛm nɛrvoːzni:]

Ich bin eifersüchtig.

Žárlím.
[ʒaːrliːm]

Ich bin überrascht .

Jsem překvapený /překvapená/.
[jsɛm prʒɛkvapɛniː /prʒɛkvapɛnaː/]

Es ist mir peinlich.

Jsem zmatený /zmatená/.
[jsɛm zmatɛniː /zmatɛnaː/]

Probleme. Unfälle

Ich habe ein Problem.	**Mám problém.** [ma:m problɛ:m]
Wir haben Probleme.	**Máme problém.** [ma:mɛ problɛ:m]
Ich bin verloren.	**Ztratil /Ztratila/ jsem se.** [stratɪl /stratɪla/ jsɛm sɛ]
Ich habe den letzten Bus (Zug) verpasst.	**Zmeškal /Zmeškala/ jsem poslední autobus (vlak).** [zmɛʃkal /zmɛʃkala/ jsɛm poslɛdni: autobus (vlak)]
Ich habe kein Geld mehr.	**Už nemám žádné peníze.** [uʒ nɛma:m ʒa:dnɛ: pɛni:zɛ]

Ich habe mein … verloren.	**Ztratil /Ztratila/ jsem …** [stratɪl /stratɪla/ jsɛm …]
Jemand hat mein … gestohlen.	**Někdo mi ukradl …** [negdo mɪ ukradl …]
Reisepass	**pas** [pas]
Geldbeutel	**peněženku** [pɛneʒeŋku]
Papiere	**dokumenty** [dokumɛntɪ]
Fahrkarte	**vstupenku** [vstupɛŋku]

Geld	**peníze** [pɛni:zɛ]
Tasche	**kabelku** [kabɛlku]
Kamera	**fotoaparát** [fotoapara:t]
Laptop	**počítač** [potʃi:tatʃ]
Tabletcomputer	**tablet** [tablɛt]
Handy	**mobilní telefon** [mobɪlni: tɛlɛfon]

Hilfe!	**Pomozte mi!** [pomoztɛ mɪ!]
Was ist passiert?	**Co se stalo?** [tso sɛ stalo?]

Feuer	**požár** [poʒaːr]
Schießerei	**střelba** [strʒɛlba]
Mord	**vražda** [vraʒda]
Explosion	**výbuch** [viːbux]
Schlägerei	**rvačka** [rvatʃka]

Rufen Sie die Polizei!	**Zavolejte policii!** [zavolɛjtɛ polɪtsɪjɪ!]
Beeilen Sie sich!	**Pospěšte si prosím!** [pospeʃtɛ sɪ prosiːm!]
Ich suche nach einer Polizeistation.	**Hledám policejní stanici.** [hlɛdaːm polɪtsɛjniː stanɪtsɪ]
Ich muss einen Anruf tätigen.	**Potřebuju si zavolat.** [potrʒɛbuju sɪ zavolat]
Kann ich Ihr Telefon benutzen?	**Můžu si od vás zavolat?** [muːʒu sɪ od vaːs zavolat?]

Ich wurde ...	**Byl /Byla/ jsem ...** [bɪl /bɪla/ jsɛm ...]
ausgeraubt	**přepaden /přepadena/** [prʃɛpadɛn /prʃɛpadɛna/]
überfallen	**oloupen /oloupena/** [oloupɛn /oloupɛna/]
vergewaltigt	**znásilněna** [znaːsɪlnena]
angegriffen	**napaden /napadena/** [napadɛn /napadɛna/]

Ist bei Ihnen alles in Ordnung?	**Jste v pořádku?** [jstɛ v porʒaːtku?]
Haben Sie gesehen wer es war?	**Viděl /Viděla/ jste, kdo to byl?** [vɪdel /vɪdela/ jstɛ, gdo to bɪl?]
Sind Sie in der Lage die Person wiederzuerkennen?	**Poznal /Poznala/ byste toho člověka?** [poznal /poznala/ bɪstɛ toho tʃloveka?]
Sind sie sicher?	**Jste si tím jist /jista/?** [jstɛ sɪ tiːm jɪst /jɪsta/?]

Beruhigen Sie sich bitte!	**Uklidněte se, prosím.** [uklɪdnetɛ sɛ, prosiːm]
Ruhig!	**Uklidněte se!** [uklɪdnetɛ sɛ!]
Machen Sie sich keine Sorgen	**Nebojte se!** [nɛbojtɛ sɛ!]
Alles wird gut.	**Všechno bude v pořádku.** [vʃɛxno budɛ v porʒaːtku]
Alles ist in Ordnung.	**Vše v pořádku.** [vʃɛ v porʒaːtku]

Kommen Sie bitte her.

Pojďte sem, prosím.
[pojdʲtɛ sɛm, prosi:m]

Ich habe einige Fragen für Sie.

Mám na vás několik otázek.
[ma:m na va:s nekolɪk ota:zɛk]

Warten Sie einen Moment bitte.

Okamžik, prosím.
[okamʒɪk, prosi:m]

Haben Sie einen
Identifikationsnachweis?

Máte nějaký průkaz totožnosti?
[ma:tɛ nejaki: pru:kaz totoʒnostɪ?]

Danke. Sie können nun gehen.

Díky. Teď můžete odejít.
[di:kɪ. tɛdʲ mu:ʒetɛ odɛji:t]

Hände hinter dem Kopf!

Ruce za hlavu!
[rutsɛ za hlavu!]

Sie sind verhaftet!

Jste zatčen /zatčena/!
[jstɛ zattʃɛn /zattʃɛna/!]

Gesundheitsprobleme

Helfen Sie mir bitte.	**Prosím vás, pomozte mi.** [prosi:m va:s, pomoztɛ mɪ]
Mir ist schlecht.	**Necítím se dobře.** [nɛtsi:ti:m sɛ dobrʒɛ]
Meinem Ehemann ist schlecht.	**Můj manžel se necítí dobře.** [mu:j manʒel sɛ nɛtsi:ti: dobrʒe]
Mein Sohn ...	**Můj syn ...** [mu:j sɪn ...]
Mein Vater ...	**Můj otec ...** [mu:j otɛts ...]

Meine Frau fühlt sich nicht gut.	**Moje manželka se necítí dobře.** [mojɛ manʒelka sɛ nɛtsi:ti: dobrʒe]
Meine Tochter ...	**Moje dcera ...** [mojɛ dtsɛra ...]
Meine Mutter ...	**Moje matka ...** [mojɛ matka ...]

Ich habe ... schmerzen.	**Bolí mě ...** [boli: mne ...]
Kopf-	**hlava** [hlava]
Hals-	**v krku** [v krku]
Bauch-	**žaludek** [ʒaludɛk]
Zahn-	**zub** [zup]

Mir ist schwindelig.	**Mám závratě.** [ma:m za:vrate]
Er hat Fieber.	**On má horečku.** [on ma: horɛtʃku]
Sie hat Fieber.	**Ona má horečku.** [ona ma: horɛtʃku]
Ich kann nicht atmen.	**Nemůžu dýchat.** [nɛmu:ʒu di:xat]

Ich kriege keine Luft.	**Nemůžu se nadechnout.** [nɛmu:ʒu sɛ nadɛxnout]
Ich bin Asthmatiker.	**Jsem astmatik /astmatička/.** [jsɛm astmatɪk /astmatɪtʃka/]
Ich bin Diabetiker /Diabetikerin/	**Jsem diabetik /diabetička/.** [jsɛm dɪabɛtɪk /dɪabɛtɪtʃka/]

Ich habe Schlaflosigkeit.	**Nemůžu spát.** [nɛmu:ʒu spa:t]
Lebensmittelvergiftung	**otrava z jídla** [otrava z ji:dla]

Es tut hier weh.	**Tady to bolí.** [tadɪ to boli:]
Hilfe!	**Pomozte mi!** [pomoztɛ mɪ!]
Ich bin hier!	**Tady jsem!** [tadɪ jsɛm!]
Wir sind hier!	**Tady jsme!** [tadɪ jsmɛ!]
Bringen Sie mich hier raus!	**Dostaňte mě odtud!** [dostanʲtɛ mne odtut!]
Ich brauche einen Arzt.	**Potřebuju doktora.** [potrʒɛbuju doktora]
Ich kann mich nicht bewegen.	**Nemůžu se hýbat.** [nɛmu:ʒu sɛ hi:bat]
Ich kann meine Beine nicht bewegen.	**Nemůžu hýbat nohama.** [nɛmu:ʒu hi:bat nohama]

Ich habe eine Wunde.	**Jsem zraněný /zraněná/.** [jsɛm zraneni: /zranena:/]
Ist es ernst?	**Je to vážné?** [jɛ to va:ʒnɛ:?]
Meine Dokumente sind in meiner Hosentasche.	**Doklady mám v kapse.** [dokladɪ ma:m v kapsɛ]
Beruhigen Sie sich!	**Uklidněte se!** [uklɪdnetɛ sɛ!]
Kann ich Ihr Telefon benutzen?	**Můžu si od vás zavolat?** [mu:ʒu sɪ od va:s zavolat?]

Rufen Sie einen Krankenwagen!	**Zavolejte sanitku!** [zavolɛjtɛ sanɪtku!]
Es ist dringend!	**Je to urgentní!** [jɛ to urgɛntni:!]
Es ist ein Notfall!	**To je pohotovost!** [to jɛ pohotovost!]
Schneller bitte!	**Prosím vás, pospěšte si!** [prosi:m va:s, pospeʃtɛ sɪ!]
Können Sie bitte einen Arzt rufen?	**Zavolal /Zavolala/ byste prosím lékaře?** [zavolal /zavolala/ bɪstɛ prosi:m lɛ:karʒɛ?]
Wo ist das Krankenhaus?	**Kde je nemocnice?** [gdɛ jɛ nɛmotsnɪtsɛ?]

Wie fühlen Sie sich?	**Jak se cítíte?** [jak sɛ tsi:ti:tɛ?]
Ist bei Ihnen alles in Ordnung?	**Jste v pořádku?** [jstɛ v porʒa:tku?]

Was ist passiert?

Co se stalo?
[tso sɛ stalo?]

Mir geht es schon besser.

Teď už se cítím líp.
[tɛdʲ uʒ sɛ tsiːtiːm liːp]

Es ist in Ordnung.

To je v pořádku.
[to jɛ v porʒaːtku]

Alles ist in Ordnung.

To je v pořádku.
[to jɛ v porʒaːtku]

In der Apotheke

Apotheke	**lékárna** [lɛːkaːrna]
24 Stunden Apotheke	**non-stop lékárna** [non-stop lɛːkaːrna]
Wo ist die nächste Apotheke?	**Kde je nejbližší lékárna?** [gdɛ jɛ nɛjblɪʒʃiː lɛːkaːrna?]

Ist sie jetzt offen?	**Mají teď otevřeno?** [majiː tɛdʲ otɛvrʒɛno?]
Um wie viel Uhr öffnet sie?	**V kolik hodin otvírají?** [v kolɪk hodɪn otviːrajiː?]
Um wie viel Uhr schließt sie?	**V kolik hodin zavírají?** [v kolɪk hodɪn zaviːrajiː?]

Ist es weit?	**Je to daleko?** [jɛ to dalɛko?]
Kann ich dort zu Fuß hingehen?	**Dostanu se tam pěšky?** [dostanu sɛ tam pɛʃkɪ?]
Können Sie es mir auf der Karte zeigen?	**Můžete mi to ukázat na mapě?** [muːʒetɛ mɪ to ukaːzat na mape?]

Bitte geben sie mir etwas gegen ...	**Můžete mi prosím vás dát něco na ...** [muːʒetɛ mɪ prosiːm vaːs daːt netso na]
Kopfschmerzen	**bolení hlavy** [bolɛni: hlavɪ]
Husten	**kašel** [kaʃɛl]
eine Erkältung	**nachlazení** [naxlazɛniː]
die Grippe	**chřipka** [xrʃɪpka]

Fieber	**horečka** [horɛtʃka]
Magenschmerzen	**bolesti v žaludku** [bolɛstɪ v ʒalutku]
Übelkeit	**nucení na zvracení** [nutsɛniː na zvratsɛniː]
Durchfall	**průjem** [pruːjɛm]
Verstopfung	**zácpa** [zaːtspa]
Rückenschmerzen	**bolest v zádech** [bolɛst v zaːdɛx]

Brustschmerzen	**bolest na hrudi** [bolɛst na hrudɪ]
Seitenstechen	**boční steh** [botʃni: stɛh]
Bauchschmerzen	**bolest břicha** [bolɛst brʒɪxa]

Pille	**pilulka** [pɪlulka]
Salbe, Creme	**mast, krém** [mast, krɛ:m]
Sirup	**sirup** [sɪrup]
Spray	**sprej** [sprɛj]
Tropfen	**kapky** [kapkɪ]

Sie müssen ins Krankenhaus gehen.	**Musíte jít do nemocnice.** [musi:tɛ ji:t do nɛmotsnɪtsɛ]
Krankenversicherung	**zdravotní pojištění** [zdravotni: pojɪʃteni:]
Rezept	**předpis** [prʃɛtpɪs]
Insektenschutzmittel	**repelent proti hmyzu** [rɛpɛlɛnt protɪ hmɪzu]
Pflaster	**náplast** [na:plast]

Das absolute Minimum

Entschuldigen Sie bitte, ...	**Promiňte, ...** [promɪnʲtɛ, ...]
Hallo.	**Dobrý den.** [dobri: dɛn]
Danke.	**Děkuji.** [dekujɪ]
Auf Wiedersehen.	**Na shledanou.** [na sxlɛdanou]
Ja.	**Ano.** [ano]
Nein.	**Ne.** [nɛ]
Ich weiß nicht.	**Nevím.** [nɛvi:m]
Wo? | Wohin? | Wann?	**Kde? | Kam? | Kdy?** [gdɛ? | kam? | gdɪ?]

Ich brauche ...	**Potřebuju ...** [potrʒɛbuju ...]
Ich möchte ...	**Chci ...** [xtsɪ ...]
Haben Sie ...?	**Máte ...?** [ma:tɛ ...?]
Gibt es hier ...?	**Je tady ...?** [jɛ tadɪ ...?]
Kann ich ...?	**Můžu ...?** [mu:ʒu ...?]
Bitte (anfragen)	**..., prosím** [..., prosi:m]

Ich suche ...	**Hledám ...** [hlɛda:m ...]
die Toilette	**toaletu** [toalɛtu]
den Geldautomat	**bankomat** [baŋkomat]
die Apotheke	**lékárnu** [lɛ:ka:rnu]
das Krankenhaus	**nemocnici** [nɛmotsnɪtsɪ]
die Polizeistation	**policejní stanici** [polɪtsɛjni: stanɪtsɪ]
die U-Bahn	**metro** [mɛtro]

das Taxi	**taxík** [taksi:k]
den Bahnhof	**vlakové nádraží** [vlakovɛ: na:draʒi:]

Ich heiße ...	**Jmenuju se ...** [jmɛnuju sɛ ...]
Wie heißen Sie?	**Jak se jmenujete?** [jak sɛ jmɛnujɛtɛ?]
Helfen Sie mir bitte.	**Můžete mi prosím pomoct?** [mu:ʒetɛ mɪ prosi:m pomotst?]
Ich habe ein Problem.	**Mám problém.** [ma:m problɛ:m]
Mir ist schlecht.	**Necítím se dobře.** [nɛtsi:ti:m sɛ dobrʒɛ]
Rufen Sie einen Krankenwagen!	**Zavolejte sanitku!** [zavolɛjtɛ sanɪtku!]
Darf ich telefonieren?	**Můžu si zavolat?** [mu:ʒu sɪ zavolat?]

Entschuldigung.	**Omlouvám se.** [omlouva:m sɛ]
Keine Ursache.	**Není zač.** [nɛni: zatʃ]

ich	**Já** [ja:]
du	**ty** [tɪ]
er	**on** [on]
sie	**ona** [ona]
sie (Pl, Mask.)	**oni** [onɪ]
sie (Pl, Fem.)	**ony** [onɪ]
wir	**my** [mɪ]
ihr	**vy** [vɪ]
Sie	**vy** [vɪ]

EINGANG	**VCHOD** [vxot]
AUSGANG	**VÝCHOD** [vi:xot]
AUßER BETRIEB	**MIMO PROVOZ** [mɪmo provos]
GESCHLOSSEN	**ZAVŘENO** [zavrʒeno]

OFFEN

OTEVŘENO
[otɛvrʒɛno]

FÜR DAMEN

ŽENY
[ʒɛnɪ]

FÜR HERREN

MUŽI
[muʒɪ]

KOMPAKTWÖRTERBUCH

Dieser Teil beinhaltet über
1.500 nützliche Wörter.
Das Wörterbuch beinhaltet
viele gastronomische Begriffe
und wird Ihnen hilfreich bei
der Bestellung von Essen in
einem Restaurant oder beim
Kauf von Lebensmitteln im
Lebensmittelgeschäft sein

T&P Books Publishing

INHALT WÖRTERBUCH

T&P Books Publishing

1. Zeit. Kalender

Zeit (f)	čas (m)	[tʃas]
Stunde (f)	hodina (ž)	[hodɪna]
eine halbe Stunde	půlhodina (ž)	[pu:lhodɪna]
Minute (f)	minuta (ž)	[mɪnuta]
Sekunde (f)	sekunda (ž)	[sɛkunda]

heute	dnes	[dnɛs]
morgen	zítra	[zi:tra]
gestern	včera	[vtʃera]

Montag (m)	pondělí (s)	[pondeli:]
Dienstag (m)	úterý (s)	[u:tɛri:]
Mittwoch (m)	středa (ž)	[strʃeda]
Donnerstag (m)	čtvrtek (m)	[tʃtvrtɛk]
Freitag (m)	pátek (m)	[pa:tɛk]
Samstag (m)	sobota (ž)	[sobota]
Sonntag (m)	neděle (ž)	[nɛdelɛ]

Tag (m)	den (m)	[dɛn]
Arbeitstag (m)	pracovní den (m)	[pratsovni: dɛn]
Feiertag (m)	sváteční den (m)	[sva:tɛtʃni: dɛn]
Wochenende (n)	víkend (m)	[vi:kɛnt]

Woche (f)	týden (m)	[ti:dɛn]
letzte Woche	minulý týden	[mɪnuli: ti:dɛn]
nächste Woche	příští týden	[prʃi:ʃti: ti:dɛn]

Sonnenaufgang (m)	východ (m) slunce	[vi:xod sluntsɛ]
Sonnenuntergang (m)	západ (m) slunce	[za:pat sluntsɛ]

morgens	ráno	[ra:no]
nachmittags	odpoledne	[otpolɛdnɛ]
abends	večer	[vɛtʃer]
heute Abend	dnes večer	[dnɛs vɛtʃer]
nachts	v noci	[v notsɪ]
Mitternacht (f)	půlnoc (ž)	[pu:lnots]

Januar (m)	leden (m)	[lɛdɛn]
Februar (m)	únor (m)	[u:nor]
März (m)	březen (m)	[brʒezɛn]
April (m)	duben (m)	[dubɛn]
Mai (m)	květen (m)	[kvetɛn]
Juni (m)	červen (m)	[tʃervɛn]
Juli (m)	červenec (m)	[tʃervɛnɛts]
August (m)	srpen (m)	[srpɛn]

September (m)	září (s)	[za:rʒi:]
Oktober (m)	říjen (m)	[rʒi:jɛn]
November (m)	listopad (m)	[lɪstopat]
Dezember (m)	prosinec (m)	[prosɪnɛts]

im Frühling	na jaře	[na jarʒɛ]
im Sommer	v létě	[v lɛ:te]
im Herbst	na podzim	[na podzɪm]
im Winter	v zimě	[v zɪmne]

Monat (m)	měsíc (m)	[mnesi:ts]
Saison (f)	období (s)	[obdobi:]
Jahr (n)	rok (m)	[rok]
Jahrhundert (n)	století (s)	[stolɛti:]

2. Zahlen. Zahlwörter

Ziffer (f)	číslice (ž)	[ʧi:slɪtsɛ]
Zahl (f)	číslo (s)	[ʧi:slo]
Minus (n)	minus (m)	[mi:nus]
Plus (n)	plus (m)	[plus]
Summe (f)	součet (m)	[souʧɛt]

der erste	první	[prvni:]
der zweite	druhý	[druhi:]
der dritte	třetí	[trʃɛti:]

null	nula (ž)	[nula]
eins	jeden	[jɛdɛn]
zwei	dva	[dva]
drei	tři	[trʃɪ]
vier	čtyři	[ʧtɪrʒɪ]

fünf	pět	[pet]
sechs	šest	[ʃɛst]
sieben	sedm	[sɛdm]
acht	osm	[osm]
neun	devět	[dɛvet]
zehn	deset	[dɛsɛt]

elf	jedenáct	[jɛdɛna:tst]
zwölf	dvanáct	[dvana:tst]
dreizehn	třináct	[trʃɪna:tst]
vierzehn	čtrnáct	[ʧtrna:tst]
fünfzehn	patnáct	[patna:tst]

sechzehn	šestnáct	[ʃɛstna:tst]
siebzehn	sedmnáct	[sɛdmna:tst]
achtzehn	osmnáct	[osmna:tst]
neunzehn	devatenáct	[dɛvatɛna:tst]

zwanzig	dvacet	[dvaʦɛt]
dreißig	třicet	[trʃɪʦɛt]
vierzig	čtyřicet	[ʧtɪrʒɪʦɛt]
fünfzig	padesát	[padesaːt]

sechzig	šedesát	[ʃɛdɛsaːt
siebzig	sedmdesát	[sɛdmdɛsaːt
achtzig	osmdesát	[osmdɛsaːt
neunzig	devadesát	[dɛvadɛsaːt
einhundert	sto	[sto]
zweihundert	dvě stě	[dve ste]
dreihundert	tři sta	[trʃɪ sta]
vierhundert	čtyři sta	[ʧtɪrʒɪ sta]
fünfhundert	pět set	[pet sɛt]

sechshundert	šest set	[ʃɛst sɛt]
siebenhundert	sedm set	[sɛdm sɛt]
achthundert	osm set	[osm sɛt]
neunhundert	devět set	[dɛvet sɛt]
eintausend	tisíc (m)	[tɪsiːʦ]

zehntausend	deset tisíc	[dɛsɛt tɪsiːʦ]
hunderttausend	sto tisíc	[sto tɪsiːʦ]
Million (f)	milión (m)	[mɪlɪoːn]
Milliarde (f)	miliarda (ž)	[mɪlɪarda]

3. Menschen. Familie

Mann (m)	muž (m)	[muʃ]
Junge (m)	jinoch (m)	[jɪnox]
Teenager (m)	výrostek (m)	[viːrostɛk]
Frau (f)	žena (ž)	[ʒena]
Mädchen (n)	slečna (ž)	[slɛʧna]

Alter (n)	věk (m)	[vek]
Erwachsene (m)	dospělý	[dospeliː]
in mittleren Jahren	středního věku	[strʃɛdniːho veku]
älterer (Adj)	starší	[starʃiː]
alt (Adj)	starý	[stariː]

Greis (m)	stařec (m)	[starʒɛʦ]
alte Frau (f)	stařena (ž)	[starʒɛna]
Ruhestand (m)	důchod (m)	[duːxot]
in Rente gehen	odejít do důchodu	[odɛjiːt do duːxodu]
Rentner (m)	důchodce (m)	[duːxodʦɛ]

Mutter (f)	matka (ž)	[matka]
Vater (m)	otec (m)	[otɛʦ]
Sohn (m)	syn (m)	[sɪn]
Tochter (f)	dcera (ž)	[dʦɛra]

| Bruder (m) | bratr (m) | [bratr] |
| Schwester (f) | sestra (ž) | [sɛstra] |

Eltern (pl)	rodiče (m mn)	[rodɪtʃɛ]
Kind (n)	dítě (s)	[diːte]
Kinder (pl)	děti (ž mn)	[detɪ]
Stiefmutter (f)	nevlastní matka (ž)	[nɛvlastniː matka]
Stiefvater (m)	nevlastní otec (m)	[nɛvlastniː otɛts]

Großmutter (f)	babička (ž)	[babɪtʃka]
Großvater (m)	dědeček (m)	[dedɛtʃɛk]
Enkel (m)	vnuk (m)	[vnuk]
Enkelin (f)	vnučka (ž)	[vnutʃka]
Enkelkinder (pl)	vnuci (m mn)	[vnutsɪ]

Onkel (m)	strýc (m)	[striːts]
Tante (f)	teta (ž)	[tɛta]
Neffe (m)	synovec (m)	[sɪnovɛts]
Nichte (f)	neteř (ž)	[nɛtɛrʃ]

Frau (f)	žena (ž)	[ʒena]
Mann (m)	muž (m)	[muʃ]
verheiratet (Ehemann)	ženatý	[ʒenatiː]
verheiratet (Ehefrau)	vdaná	[vdanaː]
Witwe (f)	vdova (ž)	[vdova]
Witwer (m)	vdovec (m)	[vdovɛts]

| Vorname (m) | jméno (s) | [jmɛːno] |
| Name (m) | příjmení (s) | [prʃiːjmɛniː] |

Verwandte (m)	příbuzný (m)	[prʃiːbuzniː]
Freund (m)	přítel (m)	[prʃiːtɛl]
Freundschaft (f)	přátelství (s)	[prʃaːtɛlstviː]

Partner (m)	partner (m)	[partnɛr]
Vorgesetzte (m)	vedoucí (m)	[vɛdoutsiː]
Kollege (m), Kollegin (f)	kolega (m)	[kolɛga]
Nachbarn (pl)	sousedé (m mn)	[sousɛdɛː]

4. Menschlicher Körper. Anatomie

Organismus (m)	organismus (m)	[organɪzmus]
Körper (m)	tělo (s)	[telo]
Herz (n)	srdce (s)	[srdtsɛ]
Blut (n)	krev (ž)	[krɛf]
Gehirn (n)	mozek (m)	[mozɛk]
Nerv (m)	nerv (m)	[nɛrf]

| Knochen (m) | kost (ž) | [kost] |
| Skelett (n) | kostra (ž) | [kostra] |

Wirbelsäule (f)	**páteř** (ž)	[pa:tɛrʃ]
Rippe (f)	**žebro** (s)	[ʒebro]
Schädel (m)	**lebka** (ž)	[lɛpka]

Muskel (m)	**sval** (m)	[sval]
Lungen (pl)	**plíce** (ž mn)	[pli:tsɛ]
Haut (f)	**pleť** (ž)	[plɛtʲ]

Kopf (m)	**hlava** (ž)	[hlava]
Gesicht (n)	**obličej** (ž)	[oblɪtʃɛj]
Nase (f)	**nos** (m)	[nos]
Stirn (f)	**čelo** (s)	[tʃɛlo]
Wange (f)	**tvář** (ž)	[tva:rʃ]
Mund (m)	**ústa** (s mn)	[u:sta]
Zunge (f)	**jazyk** (m)	[jazɪk]
Zahn (m)	**zub** (m)	[zup]
Lippen (pl)	**rty** (m mn)	[rtɪ]
Kinn (n)	**brada** (ž)	[brada]

Ohr (n)	**ucho** (s)	[uxo]
Hals (m)	**krk** (m)	[krk]
Kehle (f)	**hrdlo** (s)	[hrdlo]

Auge (n)	**oko** (s)	[oko]
Pupille (f)	**zornice** (ž)	[zornɪtsɛ]
Augenbraue (f)	**obočí** (s)	[obotʃi:]
Wimper (f)	**řasa** (ž)	[rʒasa]

Haare (pl)	**vlasy** (m mn)	[vlasɪ]
Frisur (f)	**účes** (m)	[u:tʃɛs]
Schnurrbart (m)	**vousy** (m mn)	[vousɪ]
Bart (m)	**plnovous** (m)	[plnovous]
haben (einen Bart ~)	**nosit**	[nosɪt]
kahl	**lysý**	[lɪsi:]

Hand (f)	**ruka** (ž)	[ruka]
Arm (m)	**ruka** (ž)	[ruka]
Finger (m)	**prst** (m)	[prst]

Nagel (m)	**nehet** (m)	[nɛhɛt]
Handfläche (f)	**dlaň** (ž)	[dlanʲ]

Schulter (f)	**rameno** (s)	[ramɛno]
Bein (n)	**noha** (ž)	[noha]
Fuß (m)	**chodidlo** (s)	[xodɪdlo]

Knie (n)	**koleno** (s)	[kolɛno]
Ferse (f)	**pata** (ž)	[pata]

Rücken (m)	**záda** (s mn)	[za:da]
Taille (f)	**pás** (m)	[pa:s]
Leberfleck (m)	**mateřské znaménko** (s)	[matɛrʃkɛ: znamɛ:ŋko]

5. Medizin. Krankheiten. Medikamente

Gesundheit (f)	zdraví (s)	[zdravi:]
gesund (Adj)	zdravý	[zdravi:]
Krankheit (f)	nemoc (ž)	[nɛmoʦ]
krank sein	být nemocný	[bi:t nɛmoʦni:]
krank (Adj)	nemocný	[nɛmoʦni:]

Erkältung (f)	nachlazení (s)	[naxlazɛni:]
sich erkälten	nachladit se	[naxladɪt sɛ]
Angina (f)	angína (ž)	[angi:na]
Lungenentzündung (f)	zápal (m) plic	[za:pal plɪʦ]
Grippe (f)	chřipka (ž)	[xrʃɪpka]

Schnupfen (m)	rýma (ž)	[ri:ma]
Husten (m)	kašel (m)	[kaʃɛl]
husten (vi)	kašlat	[kaʃlat]
niesen (vi)	kýchat	[ki:xat]

Schlaganfall (m)	mozková mrtvice (ž)	[moskova: mrtvɪʦɛ]
Infarkt (m)	infarkt (m)	[ɪnfarkt]
Allergie (f)	alergie (ž)	[alɛrgɪɛ]
Asthma (n)	astma (s)	[astma]
Diabetes (m)	cukrovka (ž)	[ʦukrofka]

Tumor (m)	nádor (m)	[na:dor]
Krebs (m)	rakovina (ž)	[rakovɪna]
Alkoholismus (m)	alkoholismus (m)	[alkoholɪzmus]
AIDS	AIDS (m)	[ajts]
Fieber (n)	zimnice (ž)	[zɪmnɪʦɛ]
Seekrankheit (f)	mořská nemoc (ž)	[morʃska: nɛmoʦ]

blauer Fleck (m)	modřina (ž)	[modrʒɪna]
Beule (f)	boule (ž)	[boulɛ]
hinken (vi)	kulhat	[kulhat]
Verrenkung (f)	vykloubení (s)	[vɪkloubɛni:]
ausrenken (vt)	vykloubit	[vɪkloubɪt]

Fraktur (f)	zlomenina (ž)	[zlomɛnɪna]
Verbrennung (f)	popálenina (ž)	[popa:lɛnɪna]
Verletzung (f)	pohmoždění (s)	[pohmoʒdeni:]
Schmerz (m)	bolest (ž)	[bolɛst]
Zahnschmerz (m)	bolení (s) zubů	[bolɛni: zubu:]

schwitzen (vi)	potit se	[potɪt sɛ]
taub	hluchý	[hluxi:]
stumm	němý	[nemi:]

Immunität (f)	imunita (ž)	[ɪmunɪta]
Virus (m, n)	virus (m)	[vɪrus]
Mikrobe (f)	mikrob (m)	[mɪkrop]

| Bakterie (f) | baktérie (ž) | [baktɛ:rɪe] |
| Infektion (f) | infekce (ž) | [ɪnfɛktsɛ] |

Krankenhaus (n)	nemocnice (ž)	[nɛmotsnɪtsɛ]
Heilung (f)	léčení (s)	[lɛ:t͡ʃɛni:]
impfen (vt)	dělat očkování	[delat ot͡ʃkova:ni:]
im Koma liegen	být v kómatu	[bi:t v ko:matu]
Reanimation (f)	reanimace (ž)	[rɛanɪmatsɛ]
Symptom (n)	příznak (m)	[prʃi:znak]
Puls (m)	tep (m)	[tɛp]

6. Empfindungen. Gefühle. Unterhaltung

ich	já	[ja:]
du	ty	[tɪ]
er	on	[on]
sie	ona	[ona]

wir	my	[mɪ]
ihr	vy	[vɪ]
sie (die Bäume)	ony	[onɪ]
sie (die Menschen)	oni	[onɪ]

Hallo! (ugs.)	Dobrý den!	[dobri: dɛn]
Hallo! (Amtsspr.)	Dobrý den!	[dobri: dɛn]
Guten Morgen!	Dobré jitro!	[dobrɛ: jɪtro]
Guten Tag!	Dobrý den!	[dobri: dɛn]
Guten Abend!	Dobrý večer!	[dobri: vɛt͡ʃɛr]

grüßen (vi, vt)	zdravit	[zdravɪt]
begrüßen (vt)	zdravit	[zdravɪt]
Wie geht's?	Jak se máte?	[jak sɛ ma:tɛ]
Auf Wiedersehen!	Na shledanou!	[na sxlɛdanou]
Danke!	Děkuji!	[dekujɪ]

Gefühle (pl)	pocity (m mn)	[potsɪtɪ]
hungrig sein	mít hlad	[mi:t hlat]
Durst haben	mít žízeň	[mi:t ʒi:zɛnʲ]
müde	unavený	[unavɛni:]

sorgen (vi)	znepokojovat se	[znɛpokojovat sɛ]
nervös sein	být nervózní	[bi:t nɛrvo:zni:]
Hoffnung (f)	naděje (ž)	[nadejɛ]
hoffen (vi)	doufat	[doufat]

Charakter (m)	povaha (ž)	[povaha]
bescheiden	skromný	[skromni:]
faul	líný	[li:ni:]
freigebig	štědrý	[ʃtedri:]
talentiert	nadaný	[nadani:]

ehrlich	poctivý	[poʦtɪvi:]
ernst	vážný	[va:ʒni:]
schüchtern	nesmělý	[nɛsmneli:]
aufrichtig (Adj)	upřímný	[uprʃi:mni:]
Feigling (m)	zbabělec (m)	[zbabelɛʦ]

schlafen (vi)	spát	[spa:t]
Traum (m)	sen (m)	[sɛn]
Bett (n)	lůžko (s)	[lu:ʃko]
Kissen (n)	polštář (m)	[polʃta:rʃ]

Schlaflosigkeit (f)	nespavost (ž)	[nɛspavost]
schlafen gehen	jít spát	[ji:t spa:t]
Alptraum (m)	noční můra (ž)	[noʧni: mu:ra]
Wecker (m)	budík (m)	[budi:k]

Lächeln (n)	úsměv (m)	[u:smnef]
lächeln (vi)	usmívat se	[usmi:vat sɛ]
lachen (vi)	smát se	[sma:t sɛ]

Zank (m)	hádka (ž)	[ha:tka]
Kränkung (f)	urážka (ž)	[ura:ʃka]
Beleidigung (f)	urážka (ž)	[ura:ʃka]
verärgert	rozčilený	[rozʧɪleni:]

7. Kleidung. Persönliche Accessoires

Kleidung (f)	oblečení (s)	[oblɛʧɛni:]
Mantel (m)	kabát (m)	[kaba:t]
Pelzmantel (m)	kožich (m)	[koʒɪx]
Jacke (z.B. Lederjacke)	bunda (ž)	[bunda]
Regenmantel (m)	plášť (m)	[pla:ʃtʲ]
Hemd (n)	košile (ž)	[koʃɪlɛ]
Hose (f)	kalhoty (ž mn)	[kalhotɪ]
Jackett (n)	sako (s)	[sako]
Anzug (m)	pánský oblek (m)	[pa:nski: oblɛk]

Damenkleid (n)	šaty (m mn)	[ʃatɪ]
Rock (m)	sukně (ž)	[sukne]
T-Shirt (n)	tričko (s)	[trɪʧko]
Bademantel (m)	župan (m)	[ʒupan]
Schlafanzug (m)	pyžamo (s)	[piʒamo]
Arbeitskleidung (f)	pracovní oděv (m)	[praʦovni: odɛʃ]

Unterwäsche (f)	spodní prádlo (s)	[spodni: pra:dlo]
Socken (pl)	ponožky (ž mn)	[ponoʃkɪ]
Büstenhalter (m)	podprsenka (ž)	[potprsɛŋka]
Strumpfhose (f)	punčochové kalhoty (ž mn)	[punʧoxovɛ: kalgotɪ]
Strümpfe (pl)	punčochy (ž mn)	[punʧoxɪ]
Badeanzug (m)	plavky (ž mn)	[plafkɪ]

Mütze (f)	čepice (ž)	[ʧɛpɪtsɛ]
Schuhe (pl)	obuv (ž)	[obuf]
Stiefel (pl)	holínky (ž mn)	[holi:ŋkɪ]
Absatz (m)	podpatek (m)	[potpatɛk]
Schnürsenkel (m)	tkanička (ž)	[tkanɪʧka]
Schuhcreme (f)	krém (m) na boty	[krɛ:m na botɪ]

Baumwolle (f)	bavlna (ž)	[bavlna]
Wolle (f)	vlna (ž)	[vlna]
Pelz (m)	kožešina (ž)	[koʒɛʃɪna]

Handschuhe (pl)	rukavice (ž mn)	[rukavɪtsɛ]
Fausthandschuhe (pl)	palčáky (m mn)	[palʧa:kɪ]
Schal (Kaschmir-)	šála (ž)	[ʃa:la]
Brille (f)	brýle (ž mn)	[bri:lɛ]
Regenschirm (m)	deštník (m)	[dɛʃtni:k]

Krawatte (f)	kravata (ž)	[kravata]
Taschentuch (n)	kapesník (m)	[kapesni:k]
Kamm (m)	hřeben (m)	[hrʒɛbɛn]
Haarbürste (f)	kartáč (m) na vlasy	[karta:ʧ na vlasɪ]
Schnalle (f)	spona (ž)	[spona]
Gürtel (m)	pás (m)	[pa:s]
Handtasche (f)	kabelka (ž)	[kabɛlka]

Kragen (m)	límec (m)	[li:mɛts]
Tasche (f)	kapsa (ž)	[kapsa]
Ärmel (m)	rukáv (m)	[ruka:f]
Hosenschlitz (m)	poklopec (m)	[poklopɛts]

Reißverschluss (m)	zip (m)	[zɪp]
Knopf (m)	knoflík (m)	[knofli:k]
sich beschmutzen	ušpinit se	[uʃpɪnɪt sɛ]
Fleck (m)	skvrna (ž)	[skvrna]

8. Stadt. Innerstädtische Einrichtungen

Laden (m)	obchod (m)	[obxot]
Einkaufszentrum (n)	obchodní středisko (s)	[obxodni: strʃɛdɪsko]
Supermarkt (m)	supermarket (m)	[supɛrmarket]
Schuhgeschäft (n)	obchod (m) s obuví	[obxot s obuvi:]
Buchhandlung (f)	knihkupectví (s)	[knɪxkupɛtstvi:]

Apotheke (f)	lékárna (ž)	[lɛ:ka:rna]
Bäckerei (f)	pekařství (s)	[pɛkarʃstvi:]
Konditorei (f)	cukrárna (ž)	[tsukra:rna]
Lebensmittelladen (m)	smíšené zboží (s)	[smiʃɛnɛ: zboʒi:]
Metzgerei (f)	řeznictví (s)	[rʒɛznɪtstvi:]
Gemüseladen (m)	zelinářství (s)	[zɛlɪna:rʃstvi:]
Markt (m)	tržnice (ž)	[trʒnɪtsɛ]

Friseursalon (m)	holičství (s) a kadeřnictví	[holɪtʃstvi: a kadɛrʒnɪtstvi:]
Post (f)	pošta (ž)	[poʃta]
chemische Reinigung (f)	čistírna (ž)	[tʃɪsti:rna]
Zirkus (m)	cirkus (m)	[tsɪrkus]
Zoo (m)	zoologická zahrada (ž)	[zoologɪtska: zahrada]
Theater (n)	divadlo (s)	[dɪvadlo]
Kino (n)	biograf (m)	[bɪograf]
Museum (n)	muzeum (s)	[muzɛum]
Bibliothek (f)	knihovna (ž)	[knɪhovna]

Moschee (f)	mešita (ž)	[mɛʃɪta]
Synagoge (f)	synagóga (ž)	[sinago:ga]
Kathedrale (f)	katedrála (ž)	[katɛdra:la]
Tempel (m)	chrám (m)	[xra:m]
Kirche (f)	kostel (m)	[kostɛl]

Institut (n)	vysoká škola (ž)	[vɪsoka: ʃkola]
Universität (f)	univerzita (ž)	[unɪvɛrzɪta]
Schule (f)	škola (ž)	[ʃkola]

Hotel (n)	hotel (m)	[hotɛl]
Bank (f)	banka (ž)	[baŋka]
Botschaft (f)	velvyslanectví (s)	[vɛlvɪslanɛtstvi:]
Reisebüro (n)	cestovní kancelář (ž)	[tsɛstovni: kantsɛla:rʃ]
U-Bahn (f)	metro (s)	[mɛtro]
Krankenhaus (n)	nemocnice (ž)	[nɛmotsnɪtsɛ]
Tankstelle (f)	benzínová stanice (ž)	[bɛnzi:nova: stanɪtsɛ]
Parkplatz (m)	parkoviště (s)	[parkovɪʃte]

EINGANG	VCHOD	[vxot]
AUSGANG	VÝCHOD	[vi:xot]
DRÜCKEN	TAM	[tam]
ZIEHEN	SEM	[sɛm]
GEÖFFNET	OTEVŘENO	[otɛvrʒɛno]
GESCHLOSSEN	ZAVŘENO	[zavrʒɛno]

Denkmal (n)	památka (ž)	[pama:tka]
Festung (f)	pevnost (ž)	[pɛvnost]
Palast (m)	palác (m)	[pala:ts]

mittelalterlich	středověký	[strʃɛdoveki:]
alt (antik)	starobylý	[starobɪli:]
national	národní	[na:rodni:]
berühmt	známý	[zna:mi:]

9. Geld. Finanzen

Geld (n)	peníze (m mn)	[pɛni:zɛ]
Münze (f)	mince (ž)	[mɪntsɛ]

| Dollar (m) | dolar (m) | [dolar] |
| Euro (m) | euro (s) | [ɛuro] |

Geldautomat (m)	bankomat (m)	[baŋkomat]
Wechselstube (f)	směnárna (ž)	[smnena:rna]
Kurs (m)	kurz (m)	[kurs]
Bargeld (n)	hotové peníze (m mn)	[hotovɛ: pɛni:zɛ]
Wie viel?	Kolik?	[koltk]
zahlen (vt)	platit	[platɪt]
Lohn (m)	platba (ž)	[platba]
Wechselgeld (n)	peníze (m mn) nazpět	[pɛni:zɛ naspet]

Preis (m)	cena (ž)	[tsɛna]
Rabatt (m)	sleva (ž)	[slɛva]
billig	levný	[lɛvni:]
teuer	drahý	[drahi:]

Bank (f)	banka (ž)	[baŋka]
Konto (n)	účet (m)	[u:tʃɛt]
Kreditkarte (f)	kreditní karta (ž)	[krɛdɪtni: karta]
Scheck (m)	šek (m)	[ʃɛk]
einen Scheck schreiben	vystavit šek	[vɪstavɪt ʃɛk]
Scheckbuch (n)	šeková knížka (ž)	[ʃɛkova: kni:ʃka]

Schulden (pl)	dluh (m)	[dlux]
Schuldner (m)	dlužník (m)	[dluʒni:k]
leihen (vt)	půjčit	[pu:jtʃɪt]
leihen, borgen (Geld usw.)	půjčit si	[pu:jtʃɪt sɪ]

leihen, mieten (ein Auto usw.)	vypůjčit si	[vɪpu:jtʃɪt sɪ]
auf Kredit	na splátky	[na spla:tkɪ]
Geldtasche (f)	náprsní taška (ž)	[na:prsni: taʃka]
Safe (m)	trezor (m)	[trɛzor]
Erbschaft (f)	dědictví (s)	[dedɪtstvi:]
Vermögen (n)	majetek (m)	[majɛtɛk]

Steuer (f)	daň (ž)	[danʲ]
Geldstrafe (f)	pokuta (ž)	[pokuta]
bestrafen (vt)	pokutovat	[pokutovat]

Großhandels-	velkoobchodní	[vɛlkoobxodni:]
Einzelhandels-	maloobchodní	[maloobxodni:]
versichern (vt)	pojišťovat	[pojɪʃtʲovat]
Versicherung (f)	pojistka (ž)	[pojɪstka]

Kapital (n)	kapitál (m)	[kapɪta:l]
Umsatz (m)	obrat (m)	[obrat]
Aktie (f)	akcie (ž)	[aktsɪɛ]
Gewinn (m)	zisk (m)	[zɪsk]
gewinnbringend	ziskový	[zɪskovi:]
Krise (f)	krize (ž)	[krɪzɛ]

| Bankrott (m) | bankrot (m) | [baŋkrot] |
| Bankrott machen | zbankrotovat | [zbaŋkrotovat] |

Buchhalter (m)	účetní (m, ž)	[u:ʧɛtni:]
Lohn (m)	mzda (ž)	[mzda]
Prämie (f)	prémie (ž)	[prɛ:mɪe]

10. Transport

Bus (m)	autobus (m)	[autobus]
Straßenbahn (f)	tramvaj (ž)	[tramvaj]
Obus (m)	trolejbus (m)	[trolɛjbus]

mit ... fahren	jet	[jɛt]
einsteigen (vi)	nastoupit do ...	[nastoupɪt do]
aussteigen (aus dem Bus)	vystoupit z ...	[vɪstoupɪt z]

Haltestelle (f)	zastávka (ž)	[zasta:fka]
Endhaltestelle (f)	konečná stanice (ž)	[konɛʧna: stanɪʦɛ]
Fahrplan (m)	jízdní řád (m)	[ji:zdni: rʒa:t]
Fahrkarte (f)	jízdenka (ž)	[ji:zdɛŋka]
sich verspäten	mít zpoždění	[mi:t spoʒdɛni:]

Taxi (n)	taxík (m)	[taksi:k]
mit dem Taxi	taxíkem	[taksi:kɛm]
Taxistand (m)	stanoviště (s) taxíků	[stanovɪʃte taksi:ku:]

Straßenverkehr (m)	uliční provoz (m)	[ulɪʧni: provoz]
Hauptverkehrszeit (f)	špička (ž)	[ʃpɪʧka]
parken (vi)	parkovat se	[parkovat sɛ]

U-Bahn (f)	metro (s)	[mɛtro]
Station (f)	stanice (ž)	[stanɪʦɛ]
Zug (m)	vlak (m)	[vlak]
Bahnhof (m)	nádraží (s)	[na:draʒi:]
Schienen (pl)	koleje (ž mn)	[kolɛjɛ]
Abteil (n)	oddělení (s)	[oddɛlɛni:]
Liegeplatz (m), Schlafkoje (f)	lůžko (s)	[lu:ʃko]

Flugzeug (n)	letadlo (s)	[lɛtadlo]
Flugticket (n)	letenka (ž)	[lɛtɛŋka]
Fluggesellschaft (f)	letecká společnost (ž)	[lɛtɛʦka: spolɛʧnost]
Flughafen (m)	letiště (s)	[lɛtɪʃte]

Flug (m)	let (m)	[lɛt]
Gepäck (n)	zavazadla (s mn)	[zavazadla]
Kofferkuli (m)	vozík (m) na zavazadla	[vozi:k na zavazadla]

| Schiff (n) | loď (ž) | [loťi] |
| Kreuzfahrtschiff (n) | linková loď (ž) | [lɪŋkova: loťi] |

| Jacht (f) | jachta (ž) | [jaxta] |
| Boot (n) | loďka (ž) | [lotʲka] |

Kapitän (m)	kapitán (m)	[kapɪtaːn]
Kajüte (f)	kajuta (ž)	[kajuta]
Hafen (m)	přístav (m)	[prʃiːstaf]

Fahrrad (n)	kolo (s)	[kolo]
Motorroller (m)	skútr (m)	[skuːtr]
Motorrad (n)	motocykl (m)	[mototsɪkl]
Pedal (n)	pedál (m)	[pɛdaːl]
Pumpe (f)	pumpa (ž)	[pumpa]
Rad (n)	kolo (s)	[kolo]

Auto (n)	auto (s)	[auto]
Krankenwagen (m)	sanitka (ž)	[sanɪtka]
Lastkraftwagen (m)	náklaďák (m)	[naːkladʲaːk]
gebraucht	ojetý	[oeti:]
Unfall (m)	havárie (ž)	[havaːrɪe]
Reparatur (f)	oprava (ž)	[oprava]

11. Essen. Teil 1

Fleisch (n)	maso (s)	[maso]
Hühnerfleisch (n)	slepice (ž)	[slɛpɪtsɛ]
Ente (f)	kachna (ž)	[kaxna]

Schweinefleisch (n)	vepřové (s)	[vɛprʃovɛ:]
Kalbfleisch (n)	telecí (s)	[tɛlɛtsi:]
Hammelfleisch (n)	skopové (s)	[skopovɛ:]
Rindfleisch (n)	hovězí (s)	[hovezi:]

Wurst (f)	salám (m)	[sala:m]
Ei (n)	vejce (s)	[vɛjtsɛ]
Fisch (m)	ryby (ž mn)	[rɪbɪ]
Käse (m)	sýr (m)	[si:r]
Zucker (m)	cukr (m)	[tsukr]
Salz (n)	sůl (ž)	[su:l]

Reis (m)	rýže (ž)	[ri:ʒe]
Teigwaren (pl)	makaróny (m mn)	[makaro:nɪ]
Butter (f)	máslo (s)	[ma:slo]
Pflanzenöl (n)	olej (m)	[olɛj]
Brot (n)	chléb (m)	[xlɛ:p]
Schokolade (f)	čokoláda (ž)	[ʧokola:da]

Wein (m)	víno (s)	[vi:no]
Kaffee (m)	káva (ž)	[ka:va]
Milch (f)	mléko (s)	[mlɛ:ko]
Saft (m)	šťáva (ž), džus (m)	[ʃtʲa:va], [dʒus]

| Bier (n) | pivo (s) | [pɪvo] |
| Tee (m) | čaj (m) | [tʃaj] |

Tomate (f)	rajské jablíčko (s)	[rajskɛ: jabli:tʃko]
Gurke (f)	okurka (ž)	[okurka]
Karotte (f)	mrkev (ž)	[mrkɛf]
Kartoffel (f)	brambory (ž mn)	[bramborɪ]
Zwiebel (f)	cibule (ž)	[tsɪbulɛ]
Knoblauch (m)	česnek (m)	[tʃɛsnɛk]

Kohl (m)	zelí (s)	[zɛli:]
Rote Bete (f)	červená řepa (ž)	[tʃɛrvena: rʒɛpa]
Aubergine (f)	lilek (m)	[lɪlɛk]
Dill (m)	kopr (m)	[kopr]
Kopf Salat (m)	salát (m)	[sala:t]
Mais (m)	kukuřice (ž)	[kukurʒɪtsɛ]

Frucht (f)	ovoce (s)	[ovotsɛ]
Apfel (m)	jablko (s)	[jablko]
Birne (f)	hruška (ž)	[hruʃka]
Zitrone (f)	citrón (m)	[tsɪtro:n]
Apfelsine (f)	pomeranč (m)	[pomɛrantʃ]
Erdbeere (f)	zahradní jahody (ž mn)	[zahradni: jahodɪ]

Pflaume (f)	švestka (ž)	[ʃvɛstka]
Himbeere (f)	maliny (ž mn)	[malɪnɪ]
Ananas (f)	ananas (m)	[ananas]
Banane (f)	banán (m)	[bana:n]
Wassermelone (f)	vodní meloun (m)	[vodni: mɛloun]
Weintrauben (pl)	hroznové víno (s)	[hroznovɛ: vi:no]
Melone (f)	cukrový meloun (m)	[tsukrovi: mɛloun]

12. Essen. Teil 2

Küche (f)	kuchyně (ž)	[kuxɪne]
Rezept (n)	recept (m)	[rɛtsɛpt]
Essen (n)	jídlo (s)	[ji:dlo]

frühstücken (vi)	snídat	[sni:dat]
zu Mittag essen	obědvat	[obedvat]
zu Abend essen	večeřet	[vɛtʃɛrʒɛt]

Geschmack (m)	chuť (ž)	[xutʲ]
lecker	chutný	[xutni:]
kalt	studený	[studɛni:]
heiß	teplý	[tɛpli:]
süß	sladký	[slatki:]
salzig	slaný	[slani:]
belegtes Brot (n)	obložený chlebíček (m)	[obloʒeni: xlɛbi:tʃɛk]
Beilage (f)	příloha (ž)	[prʃi:loha]

Füllung (f)	nádivka (ž)	[naːdɪfka]
Soße (f)	omáčka (ž)	[omaːtʃka]
Stück (ein ~ Kuchen)	kousek (m)	[kousɛk]

Diät (f)	dieta (ž)	[dɪeta]
Vitamin (n)	vitamín (m)	[vɪtamiːn]
Kalorie (f)	kalorie (ž)	[kalorɪe]
Vegetarier (m)	vegetarián (m)	[vɛgɛtarɪaːn]

Restaurant (n)	restaurace (ž)	[rɛstauratsɛ]
Kaffeehaus (n)	kavárna (ž)	[kavaːrna]
Appetit (m)	chuť (ž) k jídlu	[xutʲ k jiːdlu]
Guten Appetit!	Dobrou chuť!	[dobrou xutʲ]

Kellner (m)	číšník (m)	[tʃiːʃniːk]
Kellnerin (f)	číšnice (ž)	[tʃiːʃnɪtsɛ]
Barmixer (m)	barman (m)	[barman]
Speisekarte (f)	jídelní lístek (m)	[jiːdɛlniː liːstɛk]

Löffel (m)	lžíce (ž)	[lʒiːtsɛ]
Messer (n)	nůž (m)	[nuːʃ]
Gabel (f)	vidlička (ž)	[vɪdlɪtʃka]
Tasse (eine ~ Tee)	šálek (m)	[ʃaːlɛk]

Teller (m)	talíř (m)	[taliːrʃ]
Untertasse (f)	talířek (m)	[taliːrʒɛk]
Serviette (f)	ubrousek (m)	[ubrousɛk]
Zahnstocher (m)	párátko (s)	[paːraːtko]

bestellen (vt)	objednat si	[objɛdnat sɪ]
Gericht (n)	jídlo (s)	[jiːdlo]
Portion (f)	porce (ž)	[portsɛ]
Vorspeise (f)	předkrm (m)	[prʃɛtkrm]
Salat (m)	salát (m)	[salaːt]
Suppe (f)	polévka (ž)	[polɛːfka]

Nachtisch (m)	desert (m)	[dɛsɛrt]
Konfitüre (f)	zavařenina (ž)	[zavarʒɛnɪna]
Eis (n)	zmrzlina (ž)	[zmrzlɪna]
Rechnung (f)	účet (m)	[uːtʃɛt]
Rechnung bezahlen	zaplatit účet	[zaplatɪt uːtʃɛt]
Trinkgeld (n)	spropitné (s)	[spropɪtnɛː]

13. Haus. Wohnung. Teil 1

Haus (n)	dům (m)	[duːm]
Landhaus (n)	venkovský dům (m)	[vɛŋkovskiː duːm]
Villa (f)	vila (ž)	[vɪla]
Stock (m)	poschodí (s)	[posxodiː]
Eingang (m)	vchod (m)	[vxot]

Wand (f)	stěna (ž)	[stena]
Dach (n)	střecha (ž)	[strʃɛxa]
Schlot (m)	komín (m)	[komi:n]

Dachboden (m)	půda (ž)	[pu:da]
Fenster (n)	okno (s)	[okno]
Fensterbrett (n)	parapet (m)	[parapɛt]
Balkon (m)	balkón (m)	[balko:n]

Treppe (f)	schodiště (s)	[sxodɪʃte]
Briefkasten (m)	poštovní schránka (ž)	[poʃtovni: sxra:ŋka]
Müllkasten (m)	popelnice (ž)	[popɛlnɪʦɛ]
Aufzug (m)	výtah (m)	[vi:tax]

Elektrizität (f)	elektřina (ž)	[ɛlɛktrʃɪna]
Glühbirne (f)	žárovka (ž)	[ʒa:rofka]
Schalter (m)	vypínač (m)	[vɪpi:natʃ]
Steckdose (f)	zásuvka (ž)	[za:sufka]
Sicherung (f)	pojistka (ž)	[pojɪstka]

Tür (f)	dveře (ž mn)	[dvɛrʒɛ]
Griff (m)	klika (ž)	[klɪka]
Schlüssel (m)	klíč (m)	[kli:tʃ]
Fußmatte (f)	kobereček (m)	[kobɛrɛtʃɛk]

Schloss (n)	zámek (m)	[za:mɛk]
Türklingel (f)	zvonek (m)	[zvonɛk]
Klopfen (n)	klepání (s)	[klɛpa:ni:]
anklopfen (vi)	klepat	[klɛpat]
Türspion (m)	kukátko (s)	[kuka:tko]

Hof (m)	dvůr (m)	[dvu:r]
Garten (m)	zahrada (ž)	[zahrada]
Schwimmbad (n)	bazén (m)	[bazɛ:n]
Kraftraum (m)	tělocvična (ž)	[telotsvɪtʃna]
Tennisplatz (m)	tenisový kurt (m)	[tɛnɪsovi: kurt]
Garage (f)	garáž (ž)	[gara:ʃ]

Privateigentum (n)	soukromé vlastnictví (s)	[soukromɛ: vlastnɪtstvi:]
Warnschild (n)	výstražný nápis (m)	[vi:straʒni: na:pɪs]
Bewachung (f)	stráž (ž)	[stra:ʃ]
Wächter (m)	strážce (m)	[stra:ʒtsɛ]

Renovierung (f)	oprava (ž)	[oprava]
renovieren (vt)	dělat opravu	[delat opravu]
in Ordnung bringen	dávat do pořádku	[da:vat do porʒa:tku]
streichen (vt)	natírat	[nati:rat]
Tapete (f)	tapety (ž mn)	[tapɛtɪ]

lackieren (vt)	lakovat	[lakovat]
Rohr (n)	trubka (ž)	[trupka]
Werkzeuge (pl)	nástroje (m mn)	[nastrojɛ]

| Keller (m) | sklep (m) | [sklɛp] |
| Kanalisation (f) | kanalizace (ž) | [kanalɪzaʦɛ] |

14. Haus. Wohnung. Teil 2

Wohnung (f)	byt (m)	[bɪt]
Zimmer (n)	pokoj (m)	[pokoj]
Schlafzimmer (n)	ložnice (ž)	[loʒnɪʦɛ]
Esszimmer (n)	jídelna (ž)	[ji:dɛlna]

Wohnzimmer (n)	přijímací pokoj (m)	[prʃɪji:maʦi: pokoj]
Arbeitszimmer (n)	pracovna (ž)	[praʦovna]
Vorzimmer (n)	předsíň (ž)	[prʃɛtsi:nʲ]
Badezimmer (n)	koupelna (ž)	[koupɛlna]
Toilette (f)	záchod (m)	[za:xot]

| Fußboden (m) | podlaha (ž) | [podlaha] |
| Decke (f) | strop (m) | [strop] |

Staub abwischen	utírat prach	[uti:rat prax]
Staubsauger (m)	vysavač (m)	[vɪsavatʃ]
Staub saugen	vysávat	[vɪsa:vat]

Schrubber (m)	mop (m)	[mop]
Lappen (m)	hadr (m)	[hadr]
Besen (m)	koště (s)	[koʃtɛ]
Kehrichtschaufel (f)	lopatka (ž) na smetí	[lopatka na smɛti:]
Möbel (n)	nábytek (m)	[na:bɪtɛk]
Tisch (m)	stůl (m)	[stu:l]
Stuhl (m)	židle (ž)	[ʒɪdlɛ]
Sessel (m)	křeslo (s)	[krʃɛslo]

Bücherschrank (m)	knihovna (ž)	[knɪhovna]
Regal (n)	police (ž)	[polɪʦɛ]
Schrank (m)	skříň (ž)	[skrʃi:nʲ]

Spiegel (m)	zrcadlo (s)	[zrʦadlo]
Teppich (m)	koberec (m)	[kobɛrɛʦ]
Kamin (m)	krb (m)	[krp]
Vorhänge (pl)	záclony (ž mn)	[za:ʦlonɪ]
Tischlampe (f)	stolní lampa (ž)	[stolni: lampa]
Kronleuchter (m)	lustr (m)	[lustr]

Küche (f)	kuchyně (ž)	[kuxɪnɛ]
Gasherd (m)	plynový sporák (m)	[plɪnovi: spora:k]
Elektroherd (m)	elektrický sporák (m)	[ɛlɛktrɪtski: spora:k]
Mikrowellenherd (m)	mikrovlnná pec (ž)	[mɪkrovlnna: pɛʦ]

| Kühlschrank (m) | lednička (ž) | [lɛdnɪtʃka] |
| Tiefkühltruhe (f) | mrazicí komora (ž) | [mrazɪtsi: komora] |

| Geschirrspülmaschine (f) | myčka (ž) nádobí | [mɪtʃka na:dobi:] |
| Wasserhahn (m) | kohout (m) | [kohout] |

Fleischwolf (m)	mlýnek (m) na maso	[mli:nɛk na maso]
Saftpresse (f)	odšťavňovač (m)	[otʃtʲavnʲovatʃ]
Toaster (m)	opékač (m) topinek	[opɛ:katʃ topɪnɛk]
Mixer (m)	mixér (m)	[mɪksɛ:r]

Kaffeemaschine (f)	kávovar (m)	[ka:vovar]
Wasserkessel (m)	čajník (m)	[tʃajni:k]
Teekanne (f)	čajová konvice (ž)	[tʃajova: konvɪtsɛ]

Fernseher (m)	televizor (m)	[tɛlɛvɪzor]
Videorekorder (m)	videomagnetofon (m)	[vɪdɛomagnɛtofon]
Bügeleisen (n)	žehlička (ž)	[ʒehlɪtʃka]
Telefon (n)	telefon (m)	[tɛlɛfon]

15. Beschäftigung. Sozialstatus

Direktor (m)	ředitel (m)	[rʒɛdɪtɛl]
Vorgesetzte (m)	vedoucí (m)	[vɛdoutsi:]
Präsident (m)	prezident (m)	[prɛzɪdɛnt]
Helfer (m)	pomocník (m)	[pomotsni:k]
Sekretär (m)	sekretář (m)	[sɛkrɛta:rʃ]

Besitzer (m)	majitel (m)	[majɪtɛl]
Partner (m)	partner (m)	[partnɛr]
Aktionär (m)	akcionář (m)	[aktsɪona:rʃ]

Geschäftsmann (m)	byznysmen (m)	[bɪznɪsmen]
Millionär (m)	milionář (m)	[mɪlɪona:rʃ]
Milliardär (m)	miliardář (m)	[mɪlɪarda:rʃ]

Schauspieler (m)	herec (m)	[hɛrɛts]
Architekt (m)	architekt (m)	[arxɪtɛkt]
Bankier (m)	bankéř (m)	[baŋkɛ:rʃ]
Makler (m)	broker (m)	[brokɛr]
Tierarzt (m)	zvěrolékař (m)	[zverolɛ:karʃ]
Arzt (m)	lékař (m)	[lɛ:karʃ]
Zimmermädchen (n)	pokojská (ž)	[pokojska:]
Designer (m)	návrhář (m)	[na:vrha:rʃ]
Korrespondent (m)	zpravodaj (m)	[spravodaj]
Ausfahrer (m)	kurýr (m)	[kuri:r]

Elektriker (m)	elektromontér (m)	[ɛlɛktromontɛ:r]
Musiker (m)	hudebník (m)	[hudɛbni:k]
Kinderfrau (f)	chůva (ž)	[xu:va]
Friseur (m)	holič (m), kadeřník (m)	[holɪtʃ], [kadɛrʒni:k]
Hirt (m)	pasák (m)	[pasa:k]
Sänger (m)	zpěvák (m)	[speva:k]

Übersetzer (m)	překladatel (m)	[prʃɛkladatɛl]
Schriftsteller (m)	spisovatel (m)	[spɪsovatɛl]
Zimmermann (m)	tesař (m)	[tɛsarʃ]
Koch (m)	kuchař (m)	[kuxarʃ]

Feuerwehrmann (m)	hasič (m)	[hasɪtʃ]
Polizist (m)	policista (m)	[polɪʦɪsta]
Briefträger (m)	listonoš (m)	[lɪstonoʃ]
Programmierer (m)	programátor (m)	[programa:tor]
Verkäufer (m)	prodavač (m)	[prodavatʃ]

Arbeiter (m)	dělník (m)	[delni:k]
Gärtner (m)	zahradník (m)	[zahradni:k]
Klempner (m)	instalatér (m)	[ɪnstalatɛ:r]
Zahnarzt (m)	stomatolog (m)	[stomatolog]
Flugbegleiterin (f)	letuška (ž)	[lɛtuʃka]

Tänzer (m)	tanečník (m)	[tanɛtʃni:k]
Leibwächter (m)	osobní strážce (m)	[osobni: stra:ʒʦɛ]
Wissenschaftler (m)	vědec (m)	[vedɛʦ]
Lehrer (m)	učitel (m)	[utʃɪtɛl]

Farmer (m)	farmář (m)	[farma:rʃ]
Chirurg (m)	chirurg (m)	[xɪrurg]
Bergarbeiter (m)	horník (m)	[horni:k]
Chefkoch (m)	šéfkuchař (m)	[ʃɛ:f kuxarʃ]
Fahrer (m)	řidič (m)	[rʒɪdɪtʃ]

16. Sport

Sportart (f)	sportovní disciplína (ž)	[sportovni: dɪsʦɪpli:na]
Fußball (m)	fotbal (m)	[fotbal]
Eishockey (n)	hokej (m)	[hokɛj]
Basketball (m)	basketbal (m)	[baskɛtbal]
Baseball (m, n)	baseball (m)	[bɛjzbol]

Volleyball (m)	volejbal (m)	[volɛjbal]
Boxen (n)	box (m)	[boks]
Ringen (n)	zápas (m)	[za:pas]
Tennis (n)	tenis (m)	[tɛnɪs]
Schwimmen (n)	plavání (s)	[plava:ni:]

Schach (n)	šachy (m mn)	[ʃaxɪ]
Lauf (m)	běh (m)	[bex]
Leichtathletik (f)	lehká atletika (ž)	[lɛhka: atlɛtɪka]
Eiskunstlauf (m)	krasobruslení (s)	[krasobruslɛni:]
Radfahren (n)	cyklistika (ž)	[ʦɪklɪstɪka]

| Billard (n) | kulečník (m) | [kulɛtʃni:k] |
| Bodybuilding (n) | kulturistika (ž) | [kulturɪstɪka] |

Golf (n)	golf (m)	[golf]
Tauchen (n)	potápění (s)	[pota:peni:]
Segelsport (m)	plachtění (s)	[plaxteni:]
Bogenschießen (n)	lukostřelba (ž)	[lukostrʃɛlba]

Halbzeit (f)	poločas (m)	[polotʃas]
Halbzeit (f), Pause (f)	poločas (m)	[polotʃas]
Unentschieden (n)	remíza (ž)	[rɛmi:za]
unentschieden spielen	remizovat	[rɛmɪzovat]

Laufband (n)	běžecký pás (m)	[beʒetski: pa:s]
Spieler (m)	hráč (m)	[hra:tʃ]
Ersatzspieler (m)	náhradník (m)	[na:hradni:k]
Ersatzbank (f)	lavice (ž) náhradníků	[lavɪtsɛ na:hradni:ku:]

Spiel (n)	zápas (ž)	[za:pas]
Tor (n)	brána (ž)	[bra:na]
Torwart (m)	brankář (m)	[braŋka:rʃ]
Tor (n)	gól (m)	[go:l]

Olympische Spiele (pl)	Olympijské hry (ž mn)	[olɪmpɪjskɛ: hrɪ]
einen Rekord aufstellen	vytvořit rekord	[vɪtvorʒɪt rɛkort]
Finale (n)	finále (s)	[fɪna:lɛ]
Meister (m)	mistr (m)	[mɪstr]
Meisterschaft (f)	mistrovství (s)	[mɪstrovstvi:]

Sieger (m)	vítěz (m)	[vi:tez]
Sieg (m)	vítězství (s)	[vi:tezstvi:]
gewinnen (Sieger sein)	vyhrát	[vɪhra:t]
verlieren (vt)	prohrát	[prohra:t]
Medaille (f)	medaile (ž)	[mɛdajlɛ]

der erste Platz	první místo (s)	[prvni: mi:sto]
der zweite Platz	druhé místo (s)	[druhɛ: mi:sto]
der dritte Platz	třetí místo (s)	[trʃɛti: mi:sto]

Stadion (n)	stadión (m)	[stadɪo:n]
Fan (m)	fanoušek (m)	[fanouʃɛk]
Trainer (m)	trenér (m)	[trɛnɛ:r]
Training (n)	trénink (m)	[trɛ:nɪŋk]

17. Fremdsprachen. Orthografie

Sprache (f)	jazyk (m)	[jazɪk]
studieren (z.B. Jura ~)	studovat	[studovat]
Aussprache (f)	výslovnost (ž)	[vi:slovnost]
Akzent (m)	cizí přízvuk (m)	[tsɪzi: prʃi:zvuk]

| Substantiv (n) | podstatné jméno (s) | [potsta:tnɛ: jmɛ:no] |
| Adjektiv (n) | přídavné jméno (s) | [prʃi:davnɛ: jmɛ:no] |

| Verb (n) | sloveso (s) | [slovɛso] |
| Adverb (n) | příslovce (s) | [prʃi:slovʦɛ] |

Pronomen (n)	zájmeno (s)	[za:jmɛno]
Interjektion (f)	citoslovce (s)	[ʦɪtoslovʦɛ]
Präposition (f)	předložka (ž)	[prʃɛdloʃka]

Wurzel (f)	slovní základ (m)	[slovni: za:klat]
Endung (f)	koncovka (ž)	[konʦofka]
Vorsilbe (f)	předpona (ž)	[prʃɛtpona]
Silbe (f)	slabika (ž)	[slabɪka]
Suffix (n), Nachsilbe (f)	přípona (ž)	[prʃi:pona]

Betonung (f)	přízvuk (m)	[prʃi:zvuk]
Punkt (m)	tečka (ž)	[tɛtʃka]
Komma (n)	čárka (ž)	[tʃa:rka]
Doppelpunkt (m)	dvojtečka (ž)	[dvojtɛtʃka]
Auslassungspunkte (pl)	tři tečky (ž mn)	[trʃɪ tɛtʃkɪ]

Frage (f)	otázka (ž)	[ota:ska]
Fragezeichen (n)	otazník (m)	[otazni:k]
Ausrufezeichen (n)	vykřičník (m)	[vɪkrʃɪtʃni:k]

in Anführungszeichen	v uvozovkách	[f uvozofka:x]
in Klammern	v závorkách	[v za:vorkax]
Buchstabe (m)	písmeno (s)	[pi:smɛno]
Großbuchstabe (m)	velké písmeno (s)	[vɛlkɛ: pi:smɛno]

Satz (m)	věta (ž)	[veta]
Wortverbindung (f)	slovní spojení (s)	[slovni: spojɛni:]
Redensart (f)	výraz (m)	[vi:raz]

Subjekt (n)	podmět (m)	[podmnet]
Prädikat (n)	přísudek (m)	[prʃi:sudɛk]
Zeile (f)	řádek (m)	[rʒa:dɛk]
Absatz (m)	odstavec (m)	[otstavɛʦ]

Synonym (n)	synonymum (s)	[sɪnonɪmum]
Antonym (n)	antonymum (s)	[antonɪmum]
Ausnahme (f)	výjimka (ž)	[vi:jɪmka]
unterstreichen (vt)	podtrhnout	[podtrhnout]

Regeln (pl)	pravidla (s mn)	[pravɪdla]
Grammatik (f)	mluvnice (ž)	[mluvnɪʦɛ]
Vokabular (n)	slovní zásoba (ž)	[slovni: za:soba]
Phonetik (f)	hláskosloví (s)	[hla:skoslovi:]
Alphabet (n)	abeceda (ž)	[abɛʦɛda]

Lehrbuch (n)	učebnice (ž)	[utʃɛbnɪʦɛ]
Wörterbuch (n)	slovník (m)	[slovni:k]
Sprachführer (m)	konverzace (ž)	[konvɛrzaʦɛ]
Wort (n)	slovo (s)	[slovo]

Bedeutung (f)	**smysl** (m)	[smɪsl]
Gedächtnis (n)	**paměť** (ž)	[pamnetⁱ]

18. Die Erde. Geografie

Erde (f)	**Země** (ž)	[zɛmnɛ]
Erdkugel (f)	**zeměkoule** (ž)	[zɛmnekoulɛ]
Planet (m)	**planeta** (ž)	[planɛta]
Geographie (f)	**zeměpis** (m)	[zɛmnepɪs]
Natur (f)	**příroda** (ž)	[prʃi:roda]
Landkarte (f)	**mapa** (ž)	[mapa]
Atlas (m)	**atlas** (m)	[atlas]
im Norden	**na severu**	[na sɛvɛru]
im Süden	**na jihu**	[na jɪhu]
im Westen	**na západě**	[na za:pade]
im Osten	**na východě**	[na vi:xode]
Meer (n), See (f)	**moře** (s)	[morʒɛ]
Ozean (m)	**oceán** (m)	[otsɛa:n]
Golf (m)	**záliv** (m)	[za:lɪf]
Meerenge (f)	**průliv** (m)	[pru:lɪf]
Kontinent (m)	**pevnina** (ž)	[pɛvnɪna]
Insel (f)	**ostrov** (m)	[ostrof]
Halbinsel (f)	**poloostrov** (m)	[poloostrof]
Archipel (m)	**souostroví** (s)	[souostrovi:]
Hafen (m)	**přístav** (m)	[prʃi:staf]
Korallenriff (n)	**korálový útes** (m)	[kora:lovi: u:tɛs]
Ufer (n)	**břeh** (m)	[brʒɛx]
Küste (f)	**pobřeží** (s)	[pobrʒɛʒi:]
Flut (f)	**příliv** (m)	[prʃi:lɪf]
Ebbe (f)	**odliv** (m)	[odlɪf]
Breite (f)	**šířka** (ž)	[ʃi:rʃka]
Länge (f)	**délka** (ž)	[dɛ:lka]
Breitenkreis (m)	**rovnoběžka** (ž)	[rovnobeʃka]
Äquator (m)	**rovník** (m)	[rovni:k]
Himmel (m)	**obloha** (ž)	[obloha]
Horizont (m)	**horizont** (m)	[horɪzont]
Atmosphäre (f)	**atmosféra** (ž)	[atmosfɛ:ra]
Berg (m)	**hora** (ž)	[hora]
Gipfel (m)	**vrchol** (m)	[vrxol]
Fels (m)	**skála** (ž)	[ska:la]
Hügel (m)	**kopec** (m)	[kopɛts]

Vulkan (m)	sopka (ž)	[sopka]
Gletscher (m)	ledovec (m)	[lɛdovɛts]
Wasserfall (m)	vodopád (m)	[vodopaːt]
Ebene (f)	rovina (ž)	[rovɪna]

Fluss (m)	řeka (ž)	[rʒɛka]
Quelle (f)	pramen (m)	[pramɛn]
Ufer (n)	břeh (m)	[brʒɛx]
stromabwärts	po proudu	[po proudu]
stromaufwärts	proti proudu	[protɪ proudu]

See (m)	jezero (s)	[jɛzɛro]
Damm (m)	přehrada (ž)	[prʃɛhrada]
Kanal (m)	průplav (m)	[pruːplaf]
Sumpf (m), Moor (n)	bažina (ž)	[baʒɪna]
Eis (n)	led (m)	[lɛt]

19. Länder. Teil 1

Europa (n)	Evropa (ž)	[ɛvropa]
Europäische Union (f)	Evropská unie (ž)	[ɛuropska: unɪe]
Europäer (m)	Evropan (m)	[ɛvropan]
europäisch	evropský	[ɛvropski:]

Österreich	Rakousko (s)	[rakousko]
Großbritannien	Velká Británie (ž)	[vɛlka: brɪta:nɪe]
England	Anglie (ž)	[anglɪe]
Belgien	Belgie (ž)	[bɛlgɪe]
Deutschland	Německo (s)	[nemɛtsko]

Niederlande (f)	Nizozemí (s)	[nɪzozɛmi:]
Holland (n)	Holandsko (s)	[holandsko]
Griechenland	Řecko (s)	[rʒɛtsko]
Dänemark	Dánsko (s)	[da:nsko]
Irland	Irsko (s)	[ɪrsko]

Island	Island (m)	[ɪslant]
Spanien	Španělsko (s)	[ʃpanelsko]
Italien	Itálie (ž)	[ɪta:lɪe]
Zypern	Kypr (m)	[kɪpr]
Malta	Malta (ž)	[malta]

Norwegen	Norsko (s)	[norsko]
Portugal	Portugalsko (s)	[portugalsko]
Finnland	Finsko (s)	[fɪnsko]
Frankreich	Francie (ž)	[frantsɪe]
Schweden	Švédsko (s)	[ʃvɛ:tsko]

| Schweiz (f) | Švýcarsko (s) | [ʃvi:tsarsko] |
| Schottland | Skotsko (s) | [skotsko] |

Vatikan (m)	Vatikán (m)	[vatɪka:n]
Liechtenstein	Lichtenštejnsko (s)	[lɪxtɛnʃtɛjnsko]
Luxemburg	Lucembursko (s)	[luʦɛmbursko]

Monaco	Monako (s)	[monako]
Albanien	Albánie (ž)	[alba:nɪe]
Bulgarien	Bulharsko (s)	[bulharsko]
Ungarn	Maďarsko (s)	[madʲarsko]
Lettland	Lotyšsko (s)	[lotɪʃsko]

Litauen	Litva (ž)	[lɪtva]
Polen	Polsko (s)	[polsko]
Rumänien	Rumunsko (s)	[rumunsko]
Serbien	Srbsko (s)	[srpsko]
Slowakei (f)	Slovensko (s)	[slovɛnsko]

Kroatien	Chorvatsko (s)	[xorvatsko]
Tschechien	Česko (s)	[ʧɛsko]
Estland	Estonsko (s)	[ɛstonsko]
Bosnien und Herzegowina	Bosna a Hercegovina (ž)	[bosna a hɛrʦɛgovɪna]
Makedonien	Makedonie (ž)	[makɛdonɪe]

Slowenien	Slovinsko (s)	[slovɪnsko]
Montenegro	Černá Hora (ž)	[ʧɛrna: hora]
Weißrussland	Bělorusko (s)	[belorusko]
Moldawien	Moldavsko (s)	[moldavsko]
Russland	Rusko (s)	[rusko]
Ukraine (f)	Ukrajina (ž)	[ukrajɪna]

20. Länder. Teil 2

Asien	Asie (ž)	[azɪe]
Vietnam	Vietnam (m)	[vjɛtnam]
Indien	Indie (ž)	[ɪndɪe]
Israel	Izrael (m)	[ɪzraɛl]
China	Čína (ž)	[ʧi:na]

Libanon (m)	Libanon (m)	[lɪbanon]
Mongolei (f)	Mongolsko (s)	[mongolsko]
Malaysia	Malajsie (ž)	[malajzɪe]
Pakistan	Pákistán (m)	[pa:kɪsta:n]
Saudi-Arabien	Saúdská Arábie (ž)	[sau:dska: ara:bɪe]

Thailand	Thajsko (s)	[tajsko]
Taiwan	Tchaj-wan (m)	[tajvan]
Türkei (f)	Turecko (s)	[turɛʦko]
Japan	Japonsko (s)	[japonsko]
Afghanistan	Afghánistán (m)	[afga:nɪsta:n]
Bangladesch	Bangladéš (m)	[bangladɛ:ʃ]
Indonesien	Indonésie (ž)	[ɪndonɛ:zɪe]

Jordanien	**Jordánsko** (s)	[jorda:nsko]
Irak	**Irák** (m)	[ɪra:k]
Iran	**Írán** (m)	[i:ra:n]

Kambodscha	**Kambodža** (ž)	[kambodʒa]
Kuwait	**Kuvajt** (m)	[kuvajt]
Laos	**Laos** (m)	[laos]
Myanmar	**Barma** (ž)	[barma]
Nepal	**Nepál** (m)	[nɛpa:l]

Vereinigten Arabischen Emirate	**Spojené arabské emiráty** (m mn)	[spojɛnɛ: arapskɛ: ɛmɪra:tɪ]
Syrien	**Sýrie** (ž)	[si:rɪe]
Palästina	**Palestinská autonomie** (ž)	[palɛstɪnska: autonomɪe]
Südkorea	**Jižní Korea** (ž)	[jɪʒni: korɛa]
Nordkorea	**Severní Korea** (ž)	[severni: korɛa]

Die Vereinigten Staaten	**Spojené státy** (m mn) **americké**	[spojɛnɛ: sta:tɪ amɛrɪtskɛ:]
Kanada	**Kanada** (ž)	[kanada]
Mexiko	**Mexiko** (s)	[mɛksɪko]
Argentinien	**Argentina** (ž)	[argɛntɪna]
Brasilien	**Brazílie** (ž)	[brazi:lɪe]

Kolumbien	**Kolumbie** (ž)	[kolumbɪe]
Kuba	**Kuba** (ž)	[kuba]
Chile	**Chile** (s)	[tʃɪlɛ]
Venezuela	**Venezuela** (ž)	[vɛnɛzuɛla]
Ecuador	**Ekvádor** (m)	[ɛkva:dor]

Die Bahamas	**Bahamy** (ž mn)	[bahamɪ]
Panama	**Panama** (ž)	[panama]
Ägypten	**Egypt** (m)	[ɛgɪpt]
Marokko	**Maroko** (s)	[maroko]
Tunesien	**Tunisko** (s)	[tunɪsko]

Kenia	**Keňa** (ž)	[kɛnʲa]
Libyen	**Libye** (ž)	[lɪbɪe]
Republik Südafrika	**Jihoafrická republika** (ž)	[jɪhoafrɪtska: rɛpublɪka]
Australien	**Austrálie** (ž)	[austra:lɪe]
Neuseeland	**Nový Zéland** (m)	[novi: zɛ:lant]

21. Wetter. Naturkatastrophen

Wetter (n)	**počasí** (s)	[potʃasi:]
Wetterbericht (m)	**předpověď** (ž) **počasí**	[prʃɛtpovetʲ potʃasi:]
Temperatur (f)	**teplota** (ž)	[tɛplota]
Thermometer (n)	**teploměr** (m)	[tɛplomner]
Barometer (n)	**barometr** (m)	[baromɛtr]
Sonne (f)	**slunce** (s)	[sluntsɛ]

scheinen (vi)	svítit	[svi:tɪt]
sonnig (Adj)	slunečný	[slunɛtʃni:]
aufgehen (vi)	vzejít	[vzɛji:t]
untergehen (vi)	zapadnout	[zapadnout]

Regen (m)	déšť (m)	[dɛ:ʃtʲ]
Es regnet	prší	[prʃi:]
strömender Regen (m)	liják (m)	[lɪja:k]
Regenwolke (f)	mračno (s)	[mratʃno]
Pfütze (f)	kaluž (ž)	[kaluʃ]
nass werden (vi)	moknout	[moknout]

Gewitter (n)	bouřka (ž)	[bourʃka]
Blitz (m)	blesk (m)	[blɛsk]
blitzen (vi)	blýskat se	[bli:skat sɛ]
Donner (m)	hřmění (s)	[hrʒmneni:]
Es donnert	hřmí	[hrʒmi:]
Hagel (m)	kroupy (ž mn)	[kroupɪ]
Es hagelt	padají kroupy	[padaji: kroupɪ]

Hitze (f)	horko (s)	[horko]
ist heiß	horko	[horko]
ist warm	teplo	[tɛplo]
ist kalt	je zima	[jɛ zɪma]
Nebel (m)	mlha (ž)	[mlha]
neblig (-er Tag)	mlhavý	[mlhavi:]
Wolke (f)	mrak (m)	[mrak]
bewölkt, wolkig	oblačný	[oblatʃni:]
Feuchtigkeit (f)	vlhkost (ž)	[vlxkost]

Schnee (m)	sníh (m)	[sni:x]
Es schneit	sněží	[sneʒi:]
Frost (m)	mráz (m)	[mra:z]
unter Null	pod nulou	[pod nulou]
Reif (m)	jinovatka (ž)	[jɪnovatka]

Unwetter (n)	nečas (m)	[nɛtʃas]
Katastrophe (f)	katastrofa (ž)	[katastrofa]
Überschwemmung (f)	povodeň (ž)	[povodɛnʲ]
Lawine (f)	lavina (ž)	[lavɪna]
Erdbeben (n)	zemětřesení (s)	[zɛmnetrʃɛsɛni:]

Erschütterung (f)	otřes (m)	[otrʃɛs]
Epizentrum (n)	epicentrum (s)	[ɛpɪtsentrum]
Ausbruch (m)	výbuch (m)	[vi:bux]
Lava (f)	láva (ž)	[la:va]

Tornado (m)	tornádo (s)	[torna:do]
Wirbelsturm (m)	smršť (ž)	[smrʃtʲ]
Orkan (m)	hurikán (m)	[hurɪka:n]
Tsunami (m)	tsunami (s)	[tsunamɪ]
Zyklon (m)	cyklón (m)	[tsiklo:n]

22. Tiere. Teil 1

Tier (n)	zvíře (s)	[zviːrʒɛ]
Raubtier (n)	šelma (ž)	[ʃɛlma]

Tiger (m)	tygr (m)	[tɪgr]
Löwe (m)	lev (m)	[lɛf]
Wolf (m)	vlk (m)	[vlk]
Fuchs (m)	liška (ž)	[lɪʃka]
Jaguar (m)	jaguár (m)	[jaguaːr]

Luchs (m)	rys (m)	[rɪs]
Kojote (m)	kojot (m)	[kojot]
Schakal (m)	šakal (m)	[ʃakal]
Hyäne (f)	hyena (ž)	[hɪena]

Eichhörnchen (n)	veverka (ž)	[vɛvɛrka]
Igel (m)	ježek (m)	[jɛʒek]
Kaninchen (n)	králík (m)	[kraːliːk]
Waschbär (m)	mýval (m)	[miːval]

Hamster (m)	křeček (m)	[krʃɛtʃɛk]
Maulwurf (m)	krtek (m)	[krtɛk]
Maus (f)	myš (ž)	[mɪʃ]
Ratte (f)	krysa (ž)	[krɪsa]
Fledermaus (f)	netopýr (m)	[nɛtopiːr]

Biber (m)	bobr (m)	[bobr]
Pferd (n)	kůň (m)	[kuːnʲ]
Hirsch (m)	jelen (m)	[jɛlɛn]
Kamel (n)	velbloud (m)	[vɛlblout]
Zebra (n)	zebra (ž)	[zɛbra]

Wal (m)	velryba (ž)	[vɛlrɪba]
Seehund (m)	tuleň (m)	[tulɛnʲ]
Walroß (n)	mrož (m)	[mroʃ]
Delfin (m)	delfín (m)	[dɛlfiːn]

Bär (m)	medvěd (m)	[mɛdvet]
Affe (m)	opice (ž)	[opɪtsɛ]
Elefant (m)	slon (m)	[slon]
Nashorn (n)	nosorožec (m)	[nosoroʒets]
Giraffe (f)	žirafa (ž)	[ʒɪrafa]

Flusspferd (n)	hroch (m)	[hrox]
Känguru (n)	klokan (m)	[klokan]
Katze (f)	kočka (ž)	[kotʃka]
Hund (m)	pes (m)	[pɛs]

Kuh (f)	kráva (ž)	[kraːva]
Stier (m)	býk (m)	[biːk]

| Schaf (n) | ovce (ž) | [ovtsɛ] |
| Ziege (f) | koza (ž) | [koza] |

Esel (m)	osel (m)	[osɛl]
Schwein (n)	prase (s)	[prasɛ]
Huhn (n)	slepice (ž)	[slɛpɪtsɛ]
Hahn (m)	kohout (m)	[kohout]

Ente (f)	kachna (ž)	[kaxna]
Gans (f)	husa (ž)	[husa]
Pute (f)	krůta (ž)	[kru:ta]
Schäferhund (m)	vlčák (m)	[vltʃa:k]

23. Tiere. Teil 2

Vogel (m)	pták (m)	[pta:k]
Taube (f)	holub (m)	[holup]
Spatz (m)	vrabec (m)	[vrabɛts]
Meise (f)	sýkora (ž)	[si:kora]
Elster (f)	straka (ž)	[straka]

Adler (m)	orel (m)	[orɛl]
Habicht (m)	jestřáb (m)	[jɛstrʃa:p]
Falke (m)	sokol (m)	[sokol]

Schwan (m)	labuť (ž)	[labutʲ]
Kranich (m)	jeřáb (m)	[jɛrʒa:p]
Storch (m)	čáp (m)	[tʃa:p]
Papagei (m)	papoušek (m)	[papouʃɛk]
Pfau (m)	páv (m)	[pa:f]
Strauß (m)	pštros (m)	[pʃtros]

Reiher (m)	volavka (ž)	[volafka]
Nachtigall (f)	slavík (m)	[slavi:k]
Schwalbe (f)	vlaštovka (ž)	[vlaʃtofka]
Specht (m)	datel (m)	[datɛl]
Kuckuck (m)	kukačka (ž)	[kukatʃka]
Eule (f)	sova (ž)	[sova]

Pinguin (m)	tučňák (m)	[tutʃnʲa:k]
Tunfisch (m)	tuňák (m)	[tunʲa:k]
Forelle (f)	pstruh (m)	[pstrux]
Aal (m)	úhoř (m)	[u:horʃ]

Hai (m)	žralok (m)	[ʒralok]
Krabbe (f)	krab (m)	[krap]
Meduse (f)	medúza (ž)	[mɛdu:za]
Krake (m)	chobotnice (ž)	[xobotnɪtsɛ]
Seestern (m)	hvězdice (ž)	[hvezdɪtsɛ]
Seeigel (m)	ježovka (ž)	[jɛʒofka]

| Seepferdchen (n) | mořský koníček (m) | [morʃski: koni:tʃɛk] |
| Garnele (f) | kreveta (ž) | [krɛvɛta] |

Schlange (f)	had (m)	[hat]
Viper (f)	zmije (ž)	[zmɪjɛ]
Eidechse (f)	ještěrka (ž)	[jɛʃterka]
Leguan (m)	leguán (m)	[lɛgua:n]
Chamäleon (n)	chameleón (m)	[xamɛlɛo:n]
Skorpion (m)	štír (m)	[ʃti:r]

Schildkröte (f)	želva (ž)	[ʒelva]
Frosch (m)	žába (ž)	[ʒa:ba]
Krokodil (n)	krokodýl (m)	[krokodi:l]
Insekt (n)	hmyz (m)	[hmɪz]
Schmetterling (m)	motýl (m)	[moti:l]
Ameise (f)	mravenec (m)	[mravɛnɛts]
Fliege (f)	moucha (ž)	[mouxa]

Mücke (f)	komár (m)	[koma:r]
Käfer (m)	brouk (m)	[brouk]
Biene (f)	včela (ž)	[vtʃɛla]
Spinne (f)	pavouk (m)	[pavouk]
Marienkäfer (m)	slunéčko (s) sedmitečné	[slunɛ:tʃko sɛdmɪtɛtʃnɛ:]

24. Flora. Bäume

Baum (m)	strom (m)	[strom]
Birke (f)	bříza (ž)	[brʒi:za]
Eiche (f)	dub (m)	[dup]
Linde (f)	lípa (ž)	[li:pa]
Espe (f)	osika (ž)	[osɪka]

Ahorn (m)	javor (m)	[javor]
Fichte (f)	smrk (m)	[smrk]
Kiefer (f)	borovice (ž)	[borovɪtsɛ]
Zeder (f)	cedr (m)	[tsɛdr]

Pappel (f)	topol (m)	[topol]
Vogelbeerbaum (m)	jeřáb (m)	[jɛrʒa:p]
Buche (f)	buk (m)	[buk]
Ulme (f)	jilm (m)	[jɪlm]

Esche (f)	jasan (m)	[jasan]
Kastanie (f)	kaštan (m)	[kaʃtan]
Palme (f)	palma (ž)	[palma]
Strauch (m)	keř (m)	[kɛrʃ]

Pilz (m)	houba (ž)	[houba]
Giftpilz (m)	jedovatá houba (ž)	[jɛdovata: houba]
Steinpilz (m)	hřib (m)	[hrʒɪp]

Täubling (m)	holubinka (ž)	[holubɪŋka]
Fliegenpilz (m)	muchomůrka (ž) červená	[muxomu:rka tʃɛrvɛna:]
Grüner Knollenblätterpilz	prašivka (ž)	[praʃɪfka]

Blume (f)	květina (ž)	[kvetɪna]
Blumenstrauß (m)	kytice (ž)	[kɪtɪtsɛ]
Rose (f)	růže (ž)	[ru:ʒe]
Tulpe (f)	tulipán (m)	[tulɪpa:n]
Nelke (f)	karafiát (m)	[karafɪa:t]

Kamille (f)	heřmánek (m)	[hɛrʒma:nɛk]
Kaktus (m)	kaktus (m)	[kaktus]
Maiglöckchen (n)	konvalinka (ž)	[konvalɪŋka]
Schneeglöckchen (n)	sněženka (ž)	[sneʒeŋka]
Seerose (f)	leknín (m)	[lɛkni:n]

Gewächshaus (n)	oranžérie (ž)	[oranʒe:rɪe]
Rasen (m)	trávník (m)	[tra:vni:k]
Blumenbeet (n)	květinový záhonek (m)	[kvetɪnovi: za:honɛk]

Pflanze (f)	rostlina (ž)	[rostlɪna]
Gras (n)	tráva (ž)	[tra:va]
Blatt (n)	list (m)	[lɪst]
Blütenblatt (n)	okvětní lístek (m)	[okvetni: li:stɛk]
Stiel (m)	stéblo (s)	[stɛ:blo]
Jungpflanze (f)	výhonek (m)	[vi:honɛk]

Getreidepflanzen (pl)	obilniny (ž mn)	[obɪlnɪnɪ]
Weizen (m)	pšenice (ž)	[pʃenɪtsɛ]
Roggen (m)	žito (s)	[ʒɪto]
Hafer (m)	oves (m)	[ovɛs]

Hirse (f)	jáhly (ž mn)	[ja:hlɪ]
Gerste (f)	ječmen (m)	[jɛtʃmɛn]
Mais (m)	kukuřice (ž)	[kukurʒɪtsɛ]
Reis (m)	rýže (ž)	[ri:ʒe]

25. Verschiedene nützliche Wörter

Anfang (m)	začátek (m)	[zatʃa:tɛk]
Anstrengung (f)	úsilí (s)	[u:sɪli:]
Anteil (m)	část (ž)	[tʃa:st]
Art (Typ, Sorte)	druh (m)	[drux]
Auswahl (f)	volba (ž)	[volba]

Basis (f)	základna (ž)	[za:kladna]
Beispiel (n)	příklad (m)	[prʃi:klat]
Bilanz (f)	rovnováha (ž)	[rovnova:ha]
dringend (Adj)	neodkladný	[nɛotkladni:]

Effekt (m)	efekt (m)	[ɛfɛkt]
Eigenschaft (Werkstoff~)	vlastnost (ž)	[vlastnost]
Element (n)	prvek (m)	[prvɛk]
Entwicklung (f)	rozvoj (m)	[rozvoj]
Fachwort (n)	termín (m)	[tɛrmiːn]
Fehler (m)	chyba (ž)	[xɪba]

Form (z.B. Kugel-)	tvar (m)	[tvar]
Fortschritt (m)	pokrok (m)	[pokrok]
Geheimnis (n)	tajemství (s)	[tajɛmstviː]
Grad (Ausmaß)	stupeň (m)	[stupɛnʲ]

Halt (m), Pause (f)	přestávka (ž)	[prʃɛstaːfka]
Hilfe (f)	pomoc (ž)	[pomots]
Ideal (n)	ideál (m)	[ɪdɛaːl]
Kategorie (f)	kategorie (ž)	[katɛgorɪe]
Lösung (Problem usw.)	řešení (s)	[rʒɛʃɛniː]

Moment (m)	moment (m)	[momɛnt]
Nutzen (m)	užitek (m)	[uʒɪtɛk]
Pause (kleine ~)	pauza (ž)	[pauza]

| Position (f) | pozice (ž) | [pozɪtsɛ] |
| Problem (n) | problém (m) | [problɛːm] |

Prozess (m)	proces (m)	[protsɛs]
Reaktion (f)	reakce (ž)	[rɛaktsɛ]
Reihe (Sie sind an der ~)	pořadí (s)	[porʒadiː]

| Risiko (n) | riziko (s) | [rɪzɪko] |
| Serie (f) | řada (ž) | [rʒada] |

Situation (f)	situace (ž)	[sɪtuatsɛ]
Standard-	standardní	[standardniː]
Stil (m)	sloh (m)	[slox]

| Hindernis (n) | překážka (ž) | [prʃɛkaːʃka] |
| System (n) | systém (m) | [sɪstɛːm] |

Tabelle (f)	tabulka (ž)	[tabulka]
Tatsache (f)	fakt (m)	[fakt]
Tempo (n)	tempo (s)	[tɛmpo]

| Unterschied (m) | rozdíl (m) | [rozdiːl] |
| Variante (f) | varianta (ž) | [varɪanta] |

Vergleich (m)	srovnání (s)	[srovnaːniː]
Wahrheit (f)	pravda (ž)	[pravda]
Weise (Weg, Methode)	způsob (m)	[spuːsop]
Zone (f)	pásmo (s)	[paːsmo]
Zufall (m)	shoda (ž)	[sxoda]

26. Adjektive. Teil 1

ähnlich	podobný	[podobni:]
alt (z.B. die -en Griechen)	starobylý	[starobɪli:]
alt, betagt	starý	[stari:]
andauernd	dlouhý	[dlouhi:]
arm	chudý	[xudi:]

ausgezeichnet	vynikající	[vɪnɪkaji:tsi:]
Außen-, äußer	vnější	[vnejʃi:]
bitter	hořký	[horʃki:]
blind	slepý	[slɛpi:]
der letzte	poslední	[poslɛdni:]

dicht (-er Nebel)	hustý	[husti:]
dumm	hloupý	[hloupi:]
einfach (Problem usw.)	snadný	[snadni:]
eng, schmal (Straße usw.)	úzký	[u:ski:]
ergänzend	dodatečný	[dodatɛtʃni:]

flüssig	tekutý	[tɛkuti:]
fruchtbar (-er Böden)	úrodný	[u:rodni:]
gebraucht	použitý	[pouʒɪti:]
gebräunt (sonnen-)	opálený	[opa:lɛni:]
gefährlich	nebezpečný	[nɛbɛzpɛtʃni:]

gegensätzlich	protilehlý	[protɪlɛhli:]
genau, pünktlich	přesný	[prʃɛsni:]
gerade, direkt	přímý	[prʃi:mi:]
geräumig (Raum)	prostorný	[prostorni:]
gesetzlich	zákonný	[za:konni:]

gewöhnlich	obvyklý	[obvɪkli:]
glatt (z.B. poliert)	hladký	[hlatki:]
glücklich	šťastný	[ʃtʲastni:]
groß	velký	[vɛlki:]
hart (harter Stahl)	tvrdý	[tvrdi:]

Haupt-	hlavní	[hlavni:]
hauptsächlich	základní	[za:kladni:]
Heimat-	rodný	[rodni:]
höflich	zdvořilý	[zdvorʒɪli:]
innen-	vnitřní	[vnɪtrʃni:]

Kinder-	dětský	[detski:]
klein	malý	[mali:]
klug, clever	moudrý	[moudri:]
kompatibel	slučitelný	[slutʃɪtɛlni:]
kostenlos, gratis	bezplatný	[bɛzplatni:]
krank	nemocný	[nɛmotsni:]
künstlich	umělý	[umneli:]

kurz (räumlich)	**krátký**	[kra:tki:]
lang (langwierig)	**dlouhý**	[dlouhi:]
laut (-e Stimme)	**hlasitý**	[hlasɪti:]

lecker	**chutný**	[xutni:]
leer (kein Inhalt)	**prázdný**	[pra:zdni:]
leicht (wenig Gewicht)	**lehký**	[lɛhki:]
leise (~ sprechen)	**tichý**	[tɪxi:]
link (-e Seite)	**levý**	[lɛvi:]

27. Adjektive. Teil 2

matt (Lack usw.)	**matový**	[matovi:]
möglich	**možný**	[moʒni:]
nächst (am -en Tag)	**příští**	[prʃi:ʃti:]
negativ	**záporný**	[za:porni:]
neu	**nový**	[novi:]

nicht schwierig	**snadný**	[snadni:]
normal	**normální**	[norma:lni:]
obligatorisch, Pflicht-	**povinný**	[povɪnni:]
offen	**otevřený**	[otɛvrʒɛni:]
öffentlich	**veřejný**	[vɛrʒɛjni:]

original (außergewöhnlich)	**originální**	[orɪgɪna:lni:]
persönlich	**osobní**	[osobni:]
rätselhaft	**záhadný**	[za:hadni:]
recht (-e Hand)	**pravý**	[pravi:]
reif (Frucht usw.)	**zralý**	[zrali:]

riesig	**obrovský**	[obrovski:]
riskant	**nebezpečný**	[nɛbɛzpɛtʃni:]
roh (nicht gekocht)	**syrový**	[sɪrovi:]
sauber (rein)	**čistý**	[tʃɪsti:]
sauer	**kyselý**	[kɪsɛli:]
scharf (-e Messer usw.)	**ostrý**	[ostri:]

schlecht	**špatný**	[ʃpatni:]
schmutzig	**špinavý**	[ʃpɪnavi:]
schnell	**rychlý**	[rɪxli:]
schön (-es Mädchen)	**pěkný**	[pekni:]
schwierig	**těžký**	[teʃki:]
seicht (nicht tief)	**mělký**	[mnelki:]

selten	**vzácný**	[vza:tsni:]
speziell, Spezial-	**speciální**	[spɛtsɪa:lni:]
stark (-e Konstruktion)	**pevný**	[pɛvni:]
stark (kräftig)	**silný**	[sɪlni:]
süß	**sladký**	[slatki:]
Süß- (Wasser)	**sladký**	[slatki:]

tiefgekühlt	zmražený	[zmraʒeni:]
tot	mrtvý	[mrtvi:]
traurig, unglücklich	smutný	[smutni:]
übermäßig	nadměrný	[nadmnerni:]
unbeweglich	nehybný	[nɛhɪbni:]

undeutlich	nejasný	[nɛjasni:]
Untergrund- (geheim)	podzemní	[podzɛmni:]
voll (gefüllt)	plný	[plni:]
vorig (in der -en Woche)	minulý	[mɪnuli:]
vorzüglich	výborný	[vi:borni:]

wahrscheinlich	pravděpodobný	[pravdepodobni:]
weich (-e Wolle)	měkký	[mneki:]
wichtig	důležitý	[du:lɛʒɪti:]
zentral (in der Mitte)	ústřední	[u:strʃɛdni:]
zerbrechlich	křehký	[krʃɛxki:]
(Porzellan usw.)		
zufrieden	spokojený	[spokojɛni:]

28. Verben. Teil 1

abbiegen (nach links ~)	zatáčet	[zata:t͡ʃɛt]
abbrechen (vi)	přerušovat	[prʃɛruʃovat]
abhängen von …	záviset	[za:vɪsɛt]
abschaffen (vt)	zrušit	[zruʃɪt]
abschicken (vt)	odesílat	[odɛsi:lat]

ändern (vt)	změnit	[zmnenɪt]
Angst haben	bát se	[ba:t sɛ]
anklagen (vt)	obviňovat	[obvɪnʲovat]
ankommen (vi)	přijíždět	[prʃɪji:ʒdet]
ansehen (vt)	dívat se	[di:vat sɛ]
antworten (vi)	odpovídat	[otpovi:dat]

ankündigen (vt)	hlásit	[hla:sɪt]
arbeiten (vi)	pracovat	[pratsovat]
auf … zählen	spoléhat na …	[spolɛ:hat na]
aufbewahren (vt)	zachovávat	[zaxova:vat]
aufräumen (vt)	uklízet	[ukli:zɛt]

ausschalten (vt)	vypínat	[vɪpi:nat]
bauen (vt)	stavět	[stavet]
beenden (vt)	končit	[kont͡ʃɪt]
beginnen (vt)	začínat	[zat͡ʃi:nat]
bekommen (vt)	dostat	[dostat]

besprechen (vt)	projednávat	[projɛdna:vat]
bestätigen (vt)	potvrdit	[potvrdɪt]
bestehen auf	trvat	[trvat]

beten (vi)	**modlit se**	[modlɪt sɛ]
beweisen (vt)	**dokazovat**	[dokazovat]
brechen (vt)	**lámat**	[laːmat]

danken (vi)	**děkovat**	[dekovat]
denken (vi, vt)	**myslit**	[mɪslɪt]
einladen (vt)	**zvát**	[zvaːt]
einschalten (vt)	**zapínat**	[zapiːnat]
einstellen (vt)	**zastavovat**	[zastavovat]

entscheiden (vt)	**řešit**	[r̝ɛʃɪt]
entschuldigen (vt)	**omlouvat**	[omlouvat]
erklären (vt)	**vysvětlovat**	[vɪsvetlovat]
erlauben, gestatten (vt)	**dovolovat**	[dovolovat]
ermorden (vt)	**zabíjet**	[zabiːjɛt]

erzählen (vt)	**povídat**	[poviːdat]
essen (vi, vt)	**jíst**	[jiːst]
existieren (vi)	**existovat**	[ɛgzɪstovat]
fallen (vi)	**padat**	[padat]
fallen lassen	**pouštět**	[pouʃtet]

fangen (vt)	**chytat**	[xɪtat]
fehlen (am Arbeitsplatz ~)	**být nepřítomen**	[biːt nɛpr̝iːtomɛn]
finden (vt)	**nacházet**	[naxaːzɛt]
fliegen (vi)	**letět**	[lɛtet]
fragen (vt)	**ptát se**	[ptaːt sɛ]
frühstücken (vi)	**snídat**	[sniːdat]

29. Verben. Teil 2

geben (vt)	**dávat**	[daːvat]
geboren sein	**narodit se**	[narodɪt sɛ]
gefallen (vi)	**líbit se**	[liːbɪt sɛ]
gehen (zu Fuß gehen)	**jít**	[jiːt]
gehören (vi)	**patřit**	[patr̝ɪt]

glauben (vt)	**věřit**	[verʒɪt]
graben (vt)	**rýt**	[riːt]
gratulieren (vi)	**blahopřát**	[blahopr̝aːt]

haben (vt)	**mít**	[miːt]
hassen (vt)	**nenávidět**	[nɛnaːvɪdet]
helfen (vi)	**pomáhat**	[pomaːhat]
hoffen (vi)	**doufat**	[doufat]
hören (vt)	**slyšet**	[slɪʃɛt]
jagen (vi)	**lovit**	[lovɪt]

| kaufen (vt) | **kupovat** | [kupovat] |
| kennen (vt) | **znát** | [znaːt] |

klagen (vi)	stěžovat si	[steʒovat sɪ]
können (v mod)	moci	[motsɪ]
können (v mod)	moci	[motsɪ]
kopieren (vt)	zkopírovat	[skopi:rovat]

kosten (vt)	stát	[sta:t]
kränken (vt)	urážet	[ura:ʒet]
lächeln (vi)	usmívat se	[usmi:vat sɛ]
laufen (vi)	běžet	[beʒet]
lernen (vt)	studovat	[studovat]

lesen (vi, vt)	číst	[tʃi:st]
lieben (vt)	milovat	[mɪlovat]
löschen (vt)	vymazat	[vɪmazat]
machen (vt)	dělat	[delat]
mieten (Haus usw.)	pronajímat si	[pronaji:mat sɪ]

müde werden	unavovat se	[unavovat sɛ]
nehmen (vt)	brát	[bra:t]
noch einmal sagen	opakovat	[opakovat]
öffnen (vt)	otvírat	[otvi:rat]
prüfen (vt)	zkoušet	[skouʃɛt]
rechnen (vt)	počítat	[potʃi:tat]

reservieren (vt)	rezervovat	[rɛzɛrvovat]
retten (vt)	zachraňovat	[zaxranʲovat]
sagen (vt)	říci	[rʒi:tsɪ]
schaffen (Etwas Neues zu ~)	vytvořit	[vɪtvorʒɪt]
schießen (vi)	střílet	[strʃi:lɛt]
schlagen (vt)	bít	[bi:t]

schließen (vt)	zavírat	[zavi:rat]
schreiben (vi, vt)	psát	[psa:t]
schreien (vi)	křičet	[krʃɪtʃɛt]
schwimmen (vi)	plavat	[plavat]
sehen (vi, vt)	vidět	[vɪdet]

30. Verben. Teil 3

sich beeilen	pospíchat	[pospi:xat]
sich beeilen	spěchat	[spexat]
sich entschuldigen	omlouvat se	[omlouvat sɛ]
sich irren	mýlit se	[mi:lɪt sɛ]
sich prügeln	prát se	[pra:t sɛ]
sich scheiden lassen	rozvést se	[rozvɛ:st sɛ]

sich setzen	sednout si	[sɛdnout sɪ]
sich treffen	utkávat se	[utka:vat sɛ]
gehorchen (vi)	podřídit se	[podrʒi:dɪt sɛ]

singen (vt)	zpívat	[spi:vat]
spielen (vi, vt)	hrát	[hra:t]
sprechen (vi)	mluvit	[mluvɪt]

sprechen mit …	mluvit s …	[mluvɪt s]
stehlen (vt)	krást	[kra:st]
sterben (vi)	umřít	[umrʒi:t]
stören (vt)	rušit	[ruʃɪt]
tanzen (vi, vt)	tančit	[tantʃɪt]
tauchen (vi)	potápět se	[pota:pet sɛ]

täuschen (vt)	podvádět	[podva:det]
teilnehmen (vi)	zúčastnit se	[zu:tʃastnɪt sɛ]
trinken (vt)	pít	[pi:t]
trocknen (vt)	sušit	[suʃɪt]
übersetzen (Buch usw.)	překládat	[prʃɛkla:dat]
unterschreiben (vt)	podepisovat	[podɛpɪsovat]

verachten (vt)	pohrdat	[pohrdat]
verbieten (vt)	zakázat	[zaka:zat]
vergessen (vt)	zapomínat	[zapomi:nat]
vergleichen (vt)	porovnávat	[porovna:vat]
verkaufen (vt)	prodávat	[proda:vat]
verlangen (vt)	žádat	[ʒa:dat]

verlieren (Regenschirm usw.)	ztrácet	[stra:tsɛt]
verneinen (vt)	popírat	[popi:rat]
versäumen (vt)	zameškávat	[zameʃka:vat]
verschwinden (vi)	zmizet	[zmɪzɛt]
versprechen (vt)	slibovat	[slɪbovat]
verstecken (vt)	schovávat	[sxova:vat]

verstehen (vt)	rozumět	[rozumnet]
versuchen (vt)	pokoušet se	[pokouʃɛt sɛ]
vertrauen (vi)	důvěřovat	[du:verʒovat]
verzeihen (vt)	odpouštět	[otpouʃtet]
voraussehen (vt)	předvídat	[prʃɛdvi:dat]
vorschlagen (vt)	nabízet	[nabi:zɛt]

wählen (vt)	vybírat	[vɪbi:rat]
warten (vi)	čekat	[tʃɛkat]
weinen (vi)	plakat	[plakat]
wissen (vt)	vědět	[vedet]
Witz machen	žertovat	[ʒertovat]
wollen (vt)	chtít	[xti:t]
zahlen (vt)	platit	[platɪt]

zeigen (jemandem etwas)	ukazovat	[ukazovat]
zu Abend essen	večeřet	[vɛtʃɛrʒɛt]
zu Mittag essen	obědvat	[obedvat]
zubereiten (vt)	vařit	[varʒɪt]

| zustimmen (vi) | **souhlasit** | [souhlasɪt] |
| zweifeln (vi) | **pochybovat** | [poxɪbovat] |